高晓春 肖骎 王洁皓 著

“

阅读中国

—

新中国 70 年我们读过的书

”

中国轻工业出版社 北京燕山出版社
BEIJING YANSHAN PRESS

序言

1949年到2019年，中国社会始终处于急速变化之中。与之相伴，中国人的图书阅读也不断变幻着场景和主题。回望70年，我们发现，国人的文化轨迹是通过阅读辐射出来的。

比如，影响一代青年的《青春之歌》，大时代背景下的《班主任》，催生了持续多年的“美学热”，人人以高谈雅论为荣的《美的历程》，启发中国史学界走出新路的《万历十五年》，被誉为新中国成立以来最重要的小说《白鹿原》，通过幻觉现实主义将民间故事、历史与当代社会融合在一起的莫言的一系列魔幻现实主义作品……这些闪耀智慧的作品，既是作家自身的代表作，又是几代人共同的精神食粮。

我们尝试着用“年代”为线索梳理这70年里我们阅读过的书，却发现，正如用“70后”“80后”“90后”“00后”给人贴标签一样，是吃力而又不讨好的。

尽管如此，我们还是找到了一根时间脉络：在特定的年代里，中国人读着特定的书。一本书“火”了，是因为它切中了时代的脉搏。比如“十七年文学”时期，“红色经典”小说流行，从那时的文学作品中，人们几乎能真切地感受到那个时代的政治气息和那个时代人们的某些精神特征。比如80年代的“朦胧诗”热潮，北岛、海子成为青年偶像，那是因为他们生在一个张扬理想的年代，年轻人以为只要面朝大海，就会春暖花开。这之后，人文领域似乎又沉寂了，理想消散，大家开始阅读琼瑶和余秋雨，纯纯的爱恋伴随着校园民谣唱响中华，“文化大散文”承接了魏晋时期咏物抒怀的遗风。接下来的争论热点常常围绕一些畅销书。畅销书好的一面是让很多的草根写作者可以发表自己丰富多彩的见解，但它也很容易导致阅读的“娱乐化”，从而使我们对历史、文学、思想、文化失去敬畏之心。为引导阅读，“主题出版”概念被提出。十多年来，它配合党和国家不同时期的主题主线，推出了一大批精品力作。

我们的70年阅读完成了这样一个时代的过程——从整齐划一的阅读走向多元、发散式的阅读。走过上述的路程，盛放在书本上，就交错成了时代记忆的坐标；它像一面镜子，不但照见时代，折射一个国家不断变迁的社会价值观，更彰显一个民族的人文底蕴及其被精神滋养后的人文面貌。

目录

第一章
革命经典

第九章
网络文学

第十章
主题出版

第一章

革命经典

1949—1966年，被文学史家称之为“十七年文学”时期。在浩瀚的历史长河中，17年只是短暂的一瞬间，但当它承担起记录特殊历史内容的时候，我们就无法忽略它的存在，即使已经过去半个多世纪。

那时的文学阅读大多是反映那个时代风云、描写革命斗争历程的“红色经典”图书，如“三红一创”即《红日》(1957)、《红岩》(1961)、《红旗谱》(1957)、《创业史》(1960)，如“青山保林”即《青春之歌》(1958)、《山乡巨变》(1958)、《保卫延安》(1964)、《林海雪原》(1957)。藏书家谢其章先生又自编了“三花一铁，新敌艳野”，“三花一铁”即《苦菜花》《迎春花》《朝阳花》《铁道游击队》，“新敌艳野”即《新儿女英雄传》《敌后武工队》《艳阳天》《野火春风斗古城》，等等。他们有着引人入胜的故事情节，鲜明动人的人物特征，扑面而来的生活气息，表现了新中国成立后的那一段可歌可泣的岁月。

《新儿女英雄传》

——“十七年文学”中最早的一本

袁静 孔厥 著 海燕书店 1949.1

《新儿女英雄传》是“十七年文学”中最早的一本，故事也朴实得跟主人公牛大水和杨小梅一样，他们与白洋淀地区老百姓一起，在共产党员黑老蔡的号召下，组织雁翎队抗击日本侵略者。“人物的刻划，事件的叙述，都很踏实自然，而运用人民大众的语言也非常纯熟。”这是郭沫若对这部作品的评价。1942年毛泽东的《在延安文艺座谈会上的讲话》发表之后，解放区涌现出了一批以普通农民为形象、以抗日斗争为内容的作品。这部作品与《洋铁桶的故事》《吕梁英雄传》共同开创了红色经典文学先河，它们不仅传奇色彩浓厚，故事紧张生动，还充满了浓郁的乡土气息。

《新儿女英雄传》作者之一的袁静出身书香继世之家，其曾祖父袁绩懋为道光二十七年一甲进士第二名，翰林院编修、刑部主事，曾祖母左锡璇亦是一位文学才女，曾外祖父曾咏是清朝翰林，祖父袁学昌为光绪五年举人，祖母曾懿为清末著名女中医暨女诗人，二伯父袁励准为末代翰林，做过宣统皇帝的老师，父袁励衡是民国初年银行家，姐姐袁晓园是中国第一位女外交官并创立“袁氏拼音方案”。

这个仕宦名家之女就读于北平中法大学、冯庸大学及北平艺术专科学校，16岁参加革命，21岁加入中国共产党，35岁时，与孔厥合写的这部长篇小说《新儿女英雄传》在解放区文学界引起轰动，影响了几代热血青年。

孔厥自幼喜好文学，14岁即在《少年》杂志发表作品，抗战时期任《抗战日报》编辑，1938年到延安，入鲁艺学习，并从事专业创作，后任《人民日报》副刊编辑、文化部电影局编剧、北京通俗读物出版社编辑。

《新儿女英雄传》在解放区文学界引起轰动，影响了几代热血青年。两个人参加革命的经历使他们合作起来，“人物的刻划，事件的叙述，都很踏实自然”，亦是自然。

1956年，由新凤霞主演的《刘巧儿》上映，这部由袁静的剧本《刘巧告状》及陕北说书艺人韩起祥的《刘巧儿团圆》改编而来的评剧艺术片，传遍了神州大地，并推动了中国第一部《婚姻法》的宣传普及。

人民文学出版社出版的《新儿女英雄传》

《红岩》

——共产党员的意志是钢铁铸成的　　罗广斌 杨益言 著　中国青年出版社　1961.12

《红岩》讲述了在国民党的统治下，处在黎明前最黑暗时刻的共产党员在重庆渣滓洞和白公馆中与敌人不屈不挠斗争的故事。作为红色经典作品，曾轰动一时。后被改编为电影《烈火中永生》。

为了配合工人运动，重庆地下党工运书记许云峰命甫志高建立沙坪书店，作为地下党的备用联络站。甫志高为表现自己，不顾联络站的保密性质，擅自扩大书店规模，销售进步书刊。因不听劝告，甫志高被捕并成了可耻的叛徒。由于他的告密，许云峰、江姐等人相继被捕。当解放军攻入四川即将解放重庆时，许云峰、江姐被国民党反动派秘密杀害。江姐牺牲时29岁，许云峰牺牲时28岁。

是什么让一个29岁的年轻女子成为全中国人民的江姐？是什么让28岁的许云峰成为我们这个民族的英雄？

8张照片，1张学历证书，3封家书，这是从档案中能得到的关于江竹筠的全部资料。江竹筠，即小说《红岩》中江姐的原型。

“你想要的，我全知道。”

“你的上级是谁?”

“上级的姓名我知道，下级的姓名我也知道。这是我们党内的秘密，不能告诉敌人。”

这是电影《烈火中永生》中江姐与徐鹏飞的对白。这个不屈的女子在国民党集中营中受尽了折磨，凶残的敌人把竹签钉进她的十指……面对毒刑，她傲然宣告：“毒刑拷打是太小的考验，竹签子是竹做的，共产党员的意志是钢铁铸成的！”

《红岩》连环画

许云峰的原型许建业是重庆地下党负责工人运动的主要领导人，在他被秘密处决前，有这样一段描写：死亡，对于一个革命者，是多么无用的威胁。他神色自若，蹒跚着移动脚步，拖着锈蚀的铁镣，不再回顾站立两旁的特务，径自跨过石阶，向敞开的地窖铁门走去。他站在高高的石阶上，忽然回过头来，面对跟随在后的特务匪徒，朗声命令道：“走！前面带路。”多年后，特务头子徐鹏飞的原型徐远举做阶下囚时，还不曾忘记许建业就义前一路上高唱国际歌、高呼共产党万岁的情景。

中国青年出版社出版的《红岩》书封

就在许建业牺牲的那个夜晚，一个名叫许晓轩的人用草纸写了七律一首：“噩耗传来入禁宫，悲伤切齿众心同。文山大节垂青史，叶挺孤忠有古风。十次苦刑犹骂贼，从容就义气如虹。临危慷慨高歌日，争睹英雄万巷空。”一年之后，写诗的人重写了这慷慨如虹的一幕。

该过去的都已经过去了，不该遗忘的，我们是不是都没有遗忘？历史应该记住罗广斌、杨益言，以及他们的《红岩》，这部神品般的小说是中国共产党人精神品质最高度的概括。

《红日》

——新中国国家品格的形象化

吴强 著 中国青年出版社 1957.7

1947年5月13—16日，在山东一个叫孟良崮的地方，敌我双方72万人在三天三夜决一死战，成败瞬间定江山，战胜的一方从此由守转攻，两年后，解放全中国；战败的一方，从此一蹶不振，最后败退台湾，而这一惊天地泣鬼神的大幕其实是在1946年秋的涟水之战时拉开的。这一年，蒋介石撕毁和平协议，对解放区发动全面进攻，蒋军头号王牌74师，在张灵甫率领下，连克苏北根据地淮阴、淮安两城，兵临涟水城下，坚守涟水城的我军某部，与74师激战12个昼夜，双方均伤亡惨重。张灵甫依仗全套美械装备和绝对优势兵力，完成了涟水的合围，切断了我军的退路。

灰暗的云块，缓缓地从南向北移行，阳光暗淡，天气阴冷，给人一种荒凉寥落的感觉。

涟水城外，淤河两岸酱黄色的田野，寂寞地躺着。

开始枯黄的树林里，鸟鹊惊惶地噪叫着，飞来飞去。这里特有的楝雀，大群大群地从这个村庄，这个树林，忽然飞到那个村庄，那个树林里去，接着，又从那个村庄，那个树林，飞到远远的村庄、树林里去。

从涟水城的这片田野上，故事开始了。军长沈振新率部在涟水奋勇抵抗，苦战不敌，撤退至山东。经过一段时间的整训，部队战斗情绪重新振奋起来。这时，蒋介石决心彻底消灭共产党，大军出动进攻山东解放区，决战在即。在南北两面受敌的情形下，华东野战军指挥部决定利用时间差，集中优势兵力分批消灭分散的敌军。战役首先确定了对以莱芜为中心的国民党军队的包围。沈振新奉命率部参战，战士们经过急行军，准时到达莱芜城北吐丝口附近地区，与友邻部队一起完成了对敌5万余人的包围。莱芜战役在不到3天时间内就取得了胜利。

1947年，蒋介石为了挽回败局，命整编74师长驱直入山东境内，在孟良崮一带与我军决战。整编74师是蒋介石手下的全美械装备精锐部队，师长张灵甫号称“常胜将军”，华东野战军决定“围点打援”，消灭单兵冒进的整编74师。沈振新部接到命令，从鲁南星夜兼程赶往沂蒙山区参加会战。他们配合友军拔除了外围的据点，将整编74师团团包围在了孟良崮。军长沈振新亲临前线指挥战斗，“老虎团”在刘胜、陈坚带领下作为突击队首先攻上了山腰。经过两个多小时的激战，国民党王牌整编74师全军覆没，师长张灵甫被击毙，我军取得孟良崮战役的胜利。

这便是《红日》讲述的故事。

《红日》以其突出的史诗品格和艺术成就，成为十七年时期中国当代文学史诗性创作的标杆之作。小说将主要笔触投向战役本身，作者吴强认为，“莱芜战役、孟良崮战役都是战争艺术中的精品、杰作，毛泽东的战略战术思想，在这两个艺术品上焕发着耀目的光华色泽。就是我军受了挫折的涟水战役，到后来，也起了成功之母的积极作用。”《红日》承载了国家诞生的宏大叙述，甚至成为中国革命的一部分。可以说，其“不仅是新中国想象的工具或手段，本身就是新中国国家品格的形象化。”

上:《红日》连环画

—

下:《红日》扉页书影

《红旗谱》

——日常写实与传奇成分铸就的魅力

梁斌 著 中国青年出版社 1957.11

《红旗谱》描写了在大革命失败前后十年革命斗争的历史背景下，冀中平原两家农民三代人和一家地主两代人的尖锐矛盾斗争，以“反割头税”和“二师学潮”为中心事件，作者梁斌成功塑造了三代农民的英雄形象，特别是横跨两个时代的农民英雄朱老忠的形象。

朱老忠从父辈那里继承了豪爽正直、刚毅不屈的斗争精神，他有着敢于“为朋友两肋插刀”的侠义心肠。在革命斗争的过程中，他的这种侠义品格又升华到了一个新的高度，成为一种革命英雄主义。

小说中有一个情节，严家要去济南探监，但没有路费。冯老兰趁火打劫，只用80块钱就买走了严家视为“命根子”的“宝地”。严志和悲痛欲绝，在一天晚上带着江涛来到“宝地”，趴在地上张开大嘴啃着泥土。这样的情节是完全属于几千年来与土地融为一体的中国传统农民的，然而跳出当时的时代局限，却拥有了震撼人心的力量。

作品从人物性格、人物关系与叙事逻辑几个方面着眼，以出色的日常写实作为全书的基调，再附以适度的传奇成分，使《红旗谱》具有了独特的魅力。

33万字的小说被改编成同名话剧、京剧、评剧、河北梆子、电影和电视连续剧，并有俄文、越文、英文、日文、朝鲜文等版本在国外出版，这种情况在这一时期的文学作品中是很少见的。

左:《红旗谱》书封

右:《红旗谱》扉页

《青春之歌》

——青春走向革命的号角

杨沫 著　作家出版社　1958.7

北京大学是“五四运动”的发源地，也是杨沫的长篇小说《青春之歌》故事的发生地，书中很多人物原型都是北大的学生。杨沫的这部小说展现了从“九一八”事变到“一二·九”运动这个历史时期，北京的一批青年大学生为了反对封建统治，抗击日本帝国主义的侵略，拯救危难中的祖国而进行的不屈不挠的斗争，真实、生动地揭示了一代知识分子走向革命的必由之路。小说出版后，在国内外产生广泛影响。

凡是了解作者杨沫的人都知道，这是一部自传体性质的小说。主人公林道静就是杨沫自己的化身，那个作为陪衬和对比的反面人物余永泽，则是依据张中行先生塑造出来的。杨沫是在极其困苦的时候与张中行相遇的。张中行第一次见到杨沫，看到的是：“她十七岁，中等身材，不胖而偏于丰满，眼睛明亮有神。言谈举止都清爽，有理想不世俗，像是也富于感情。”而杨沫看到的张中行是：“他虽是北大的学生，却没有一点名牌大学生的架子，谦虚有礼；肚里虽有很多学问，出口成章，却对女性相当的尊敬，绝不狎昵。”

从资料来看，杨沫热情、好胜，内心还有某些淡淡的感伤。正是她的这种气质，打动了张中行。新式的性情，毫无伪态的爱，都是少见的。张中行那时正在读西方的书，神往于个性主义的世界。身边的姑娘的一切，没有旧式女子的气息，和自己的内心是契合的。最初的相处，张中行曾为她写过几篇文字，爱意深深，还从乐府诗里找到作品，赠给这位年轻的姑娘。

经过几年的相处，从杨沫的角度看张中行，却有另一番结论。在小说里，林道静的出场亮相，是这样的：“这女学生穿着白洋布短旗袍，白线袜，白运动鞋，手里捏

上:《青春之歌》人民文学出版社

—

中:《青春之歌》扉页

—

下:《青春之歌》电影海报

着一条素白的手绢。”一连四个“白”，组合成了一个无比清纯的世界。余永泽是什么样子呢，“道静凝视着余永泽那个瘦瘦的黑脸，那个小小的发亮的黑眼睛。她忽然发现他原来是个并不漂亮也不英俊的男子。”一连用了两个“黑”，与林道静的四个“白”，黑白分明，形成特别醒目的反差。

杨沫与张中行的婚姻自1931年到1936年，勉勉强强维持了五年。在北大红楼只有两间小屋的公寓里，“道不同不相为谋”的阴影，如同层层叠叠的乌云，不仅没有散开的时日，反而越来越浓重地压在两个人的心间。小说中，导致林道静与余永泽分手的，是一位无产阶级先锋战士卢嘉川的出现。卢嘉川因躲避追捕，希望在林道静这间小公寓里暂住一夜。谁知竟招致余永泽的驱逐。林道静怒不可遏地向余永泽大声吼叫起来：“永泽，想不到你这样不害羞！告诉你，卢嘉川如果今夜被捕了，我就认为是你出卖了他！”这之前，林道静与余永泽也曾有过激烈冲突。譬如余永泽对那个从家乡来的贫苦农民的冷漠，以及余永泽借助关系接近胡适所暴露出的阿谀奉承，都让林道静痛苦失望，“她深深热爱的人，原来是这样自私的人，美丽的梦想开始破灭。”然而，那些冲突无论如何也比不上这次因卢嘉川引发出的矛盾激烈。也正因此，余永泽留给读者的印象，就是个鼻子上抹了一块白色的反面小丑。

凡是认识张中行的人，都会自觉不自觉地对号入座，顺理成章地把他看成余永泽。杨沫的儿子老鬼看不下去，出来打抱不平，“张中行这个母亲的前夫，日子开始不好过，人们对他冷眼相看。认为他就是小说中的余永泽，自私、落后、庸俗的典型。无形中，他被母亲的这本书弄得灰头土脸，在单位里抬不起头。”张中行倒是没往心里去，十分坦然。他书生气十足地引经据典，为杨沫辩解：“这是小说，依我国编目的传统，入子部，与入史部的著作是不相同的。”还着重解释一句，因为是小说，所以，“是可以改造甚至编造大小情节的。”

无论今人怎样看待两人的分离，在张中行这个当事人看来，自己选择的是疑的路，杨沫则是信的路。疑，就不轻易被情感的冲动所裹挟，在静静地思考里看人看事；信，就卷入时代的大潮里，去殉道于自己的理念的世界。老年的时候，张中行回忆起沙滩的吃与住，有着无边的感慨。“我有时步行经过，望望此处彼处，总是想到昔日，某屋内谁住过，曾有欢笑；某屋内谁住过，曾有泪痕。”美丽的碎片晃动着，照着昔日片刻的温馨，那些美丽的笑声与爱意的暖调，除了他们，我们是无从知晓的。

《保卫延安》

——踏入“无人区”创作的史诗

杜鹏程 著 人民文学出版社 1954.6

作家路遥这样评价：“在和他同时代的作家中，杜鹏程是少数属于敢踏入‘无人区’的勇士，并敢在文学的荒原上树起自己标志的人物。他是我们行业的斯巴达克斯。这一切首先体现在他的史诗《保卫延安》之中。”

杜鹏程幼年上过私塾和基督教学校，后来又因生活所迫到一家店铺当学徒。1937年抗战爆发，16岁的杜鹏程参加了共产党的外围组织“中华民族解放先锋队”，在共产党员老师的介绍下，他踏上了去延安的道路，从此揭开了人生崭新的一页。“他几乎是赤手空拳走进生活和战争的暴风雨。不久，他就拥有枪和笔两种武器。其中的枪和敌对的势力作战，而笔主要和自己作战。对他来说，后一种作战更为艰难。”

1947年，杜鹏程奔赴前线，深入到王震指挥的西北野战军第二纵队独立第四旅第十团二营六连，做了一名随军战地记者，西北野战军著名的战斗英雄王老虎就在这个英雄的集体里。二纵司令员王震听说有一个记者在自己的部队中，特意找杜鹏程谈话，鼓励他要经受战火的考验，写出反映广大指战员英勇战斗的好作品来。那个时候，笔是个稀罕物，没有笔，他就将笔尖捆扎在树枝上蘸墨水写东西，旅政委杨秀山对他说：“笔对你来说，和枪杆子一样重要”，于是当即批条子给供给部，指示为杜鹏程配发一支好笔。很快，一支“金星牌”钢笔便到了团里，团政委将这支笔转交给杜鹏程时，郑重地在他的笔记本上写了一句话：“一支笔，抵得上一支劲旅。”

在行军途中，杜鹏程不止一次听过“彭大将军”的战斗故事，令他心驰神往。1948年秋，他终于见到了“彭大将军”。在黄龙山的一个窑洞里，彭总召集全体前线记者，强调延安保卫战的重大意义和新闻工作者的责任，“我这个人没有什么，要说有一点长处的话，那就是不忘本。”彭德怀质朴谦和、平易亲切、掷地有声的谈话令杜鹏程感动不已。

“现代文学史上第一次成功地塑造了彭德怀的艺术形象”的长篇小说《保卫延安》，1950年动笔，四年间，9次修改。“写着，写着，有多少次，遇到难以跨越的困难，便不断反悔着，埋怨自己不自量力。可是想起了中国人民苦难的过去，想起了那些死去和活着的战友，抚摸烈士遗物，便从他们身上汲取了力量，又鼓起勇气来……写到那些激动人心的场景时，笔跟不上手，手跟不上心，热血冲击胸膛，眼泪滴在稿纸上。”杜鹏程这样回忆当时艰苦创作的情景。

澎湃的激情和浓郁的诗意贯穿于整部小说。时任人民文学出版社社长兼总编辑的冯雪峰撰文：“它描写了一幅真正动人的人民革命战争的图画，成功地写出了人民如何战胜敌人的生动的历史中的一页。对于这样的作品，它的鼓舞力量就完全说明作品的实质、精神和成就……它的英雄史诗的基础已经确定的了。”

上：《保卫延安》封面

—

下：小人书《保卫延安》

《林海雪原》

——天王盖地虎，宝塔镇河妖

曲波 著 作家出版社 1957.9

“天王盖地虎”，“宝塔镇河妖”！这些暗号黑话，即使80后、90后，甚至00后也不陌生，尽管《林海雪原》出版于50年代。因为这部小说，作者曲波成为新中国文学史上“新传奇”的代表作家，一个文学史上绕不过的作家。

只念过五年半小学的曲波，13岁失学在家务农和樵采，两年后投身革命，1945年赶赴东北牡丹江，参加那里的剿匪战斗。曲波任东北民主联军牡丹江军区二团副参谋长，他亲率剿匪小分队36名战士进入深山密林，追剿国民党残匪。1947年2月7日，他派遣侦察英雄杨子荣率五名战士化装成“吴氏三虎”的匪徒，深入海县夹皮沟蛤蟆塘匪巢，取得国民党东北军第二支队少将司令、三代惯匪张乐山（匪号“座山雕”）的信任。在最后的关键时刻，杨子荣巧施调虎离山计，在转移路上配合曲波率领的小分队一举擒获匪首张乐山以及联络部长刘兆成、秘书副官李义堂等27名惯匪，无一漏网。

这个以真实人物为原型塑造的剿匪传奇故事，几十年来，承载着几代人心中割舍不断的英雄情结。它先后被改编成电影、电视、京剧、评剧、曲艺等多种艺术形式，久传不衰。特别是革命现代京剧样板戏《智取威虎山》，脍炙人口，妇孺皆知。“穿林海，跨雪原，气冲霄汉。抒豪情，寄壮志，面对群山。”剿匪英雄杨子荣的万丈豪情，70年来，感染了无数人的青春。

座山雕：脸红什么？

杨子荣：精神焕发！

座山雕：怎么又黄了？

杨子荣：防冷，涂的蜡！

面对敌人的时候，你敢说也能同杨子荣一样智勇？

“我的少年时代，青年时代是在战场上度过的，我的青年时代、中年时代是在工业战线度过的，我这一辈子就做了两个半工作，一个是打仗，一个是搞工业建设，半个是搞了业余文学写作。”曲波这样评价自己。这位只读过5年半书的“业余”作者，愣是将杨子荣的故事写成了流传至今的经典。

上：小人书《林海雪原》辽宁美术社1982年第一版

—

下：《林海雪原》电影

“

这一时期的作家虽然出身不尽相同，受到的教育也参差不齐，但大都亲身经历过抗日战争和解放战争，经历过新中国成立之后的城市工业化建设和农村集体化运动，在这些重大历史事件中所形成的人生体验曾经深深地打动过他们的心灵，成为他们永志难忘的记忆。

孙犁、赵树理、周立波和柳青四位作家被誉为描写农村生活的“四杆铁笔”，周立波的《暴风骤雨》和柳青的《创业史》作为中国农村土地改革和农业合作化时期的代表作，可登农村文学作品的经典殿堂。

柳青的《创业史》反复申述的一条真理，即梁生宝的一句口头禅：“有党的领导，咱怕啥?”这部小说，用他自己的话说：“小说要向读者回答的是：中国农村为什么会发生社会主义革命和这次革命是怎样进行的。答案要通过一个村庄的各个阶级人物在合作化运动中的行为、思想和心理的变化过程体现出来。这个主题思想和这个题材范围的统一，构成了这部小说的具体内容。”

赵树理的《三里湾》、孙犁的《风云初纪》也是当时流传下来的佳作。这一时期，中国乡村的巨变成为作家们创作的灵感之源。《三里湾》是新中国成立后赵树理最重要的作品之一，也是新中国第一部反映农业合作化运动的长篇小说。小说围绕三里湾合作社秋收、扩社、整社、开渠等事件，以几个农民家庭之间交错的社会关系、婚恋纠葛为纽带，通过富有戏剧性的人物、情节和场景，反映新农村的变化。孙犁是一位富有特色的描写乡村风俗人情与历史变迁的作家。20世纪50年代他的主要作品有《风云初纪》《铁木前传》《白洋淀纪事》等。《白洋淀纪事》虽然大部分取材于战争时期，但很多篇章中优美的乡村风情和乡间人物的描写，特别是对女性的刻画，都富有诗情画意。

”

《创业史》

——社会主义，小人物可以办大事

柳青 著　中国青年出版社　1960.6

取材于现实农村生活的《创业史》，一问世就取得巨大成功，第一版印刷了10万册，成为那个时代最畅销的长篇小说之一。

《创业史》的主人公梁生宝小名叫“宝娃”，汉语中的所谓“宝”有两个意思：一个是宝贝，另一个则是“活宝”（即类似于“傻瓜”）。在这部小说中，梁生宝是这样一个双面体：他是千百万中国新农民和新农村的代言人，同时，他性格中也有“傻瓜”或者“活宝”的一面。对于已经不熟悉上世纪50年代中国历史的青年读者来说，《创业史》的故事，类似于《阿甘正传》，“宝娃”与“阿甘”的故事，其实属于同一类型，都是弱者和小人物办大事的故事。

1952年的中国，正经历着翻天覆地的变化，中国共产党领导的土地革命，首次把几千年来农民对土地的梦想，“耕者有其田”变成了活生生的现实。农民虽然在土改中分得了土地，但许多农户由于底子薄，一家一户的单干根本无法改变贫困的命运，农村依然存在阶层分化的可能。为了应对这种局面，一些地方出现了把贫下中农有限的土地、劳力、牲口、资金组织起来办互助组的尝试，这种尝试实际上就是农业社会主义改造的开始。

1955年9月至12月，毛泽东亲自编辑了长达95万字的《中国农村的社会主义高潮》资料集，并为每一篇资料加了按语。在一篇题为《谁说鸡毛不能上天》的文章前面，毛泽东这样写道：“富裕中农说：‘穷光蛋想办合作社哩，没有见过鸡毛能上天。’鸡毛居然上天去了，穷人要翻身了。旧制度要灭亡，新制度要出世了。”“‘鸡毛不能上天’这个古代的真理，在社会主义时代，它已经不是真理了。”而《创业史》和梁生宝，就产生在这个“鸡毛可能上天”的时代。

《创业史》扉页

在《创业史》里，这个“鸡毛可能上天”的时代是这样的：小说的开头，富裕中农郭世富的新瓦房在人们羡慕的目光中平地而起，而“梁生宝互助组”八户饥肠辘辘的老弱病残，却在一片嘲笑声中登台。接下来，宝娃也正是在一片笑声中，头上顶着块麻袋片，肩上扛着新稻种，“落汤鸡”似的从潇潇春雨中向我们走来。在小说结尾，当富裕中农郭世富老汉美滋滋地数着在自由市场上卖高价粮食换来的几十块钱，并以“龟兔赛跑”的预言嘲笑“宝娃这个宝货”的时候，却万万没有想到：那个浑身披着麻袋片的“丐帮帮主”，和几个老弱病残钻进终南山扎箬帚——梁生宝从合作社里领到的预付款竟是750元“崭新的人民票”！

柳青让“梁生宝”们在“蛤蟆滩”上挺起脊梁宣告：社会主义是穷人的事业，是小人物的事业；我们不怕挫折、不怕失败，只要志向高远、勇敢无畏，小人物的事业也会穿越历史，把激情传递给后来者，启示他们在自己的时代寻找生存与生活、创造与改变的奥义。

梁生宝是有文化的。他的文化，不是书房里摆的琴棋书画，也不是电视上演的爱恨情仇，而是从土地里顽强生长出来的、渴望改变命运而又高度务实的劲头与信念。他明白一切美好的生活都要靠劳动来创造，也懂得靠互助合作可以让一群弱者变得强大，所以他把自己的人生志向和事业安放在蛤蟆滩这个也许渺小然而又确乎宏阔的一方天地。如果说，梁生宝为我们留下了什么“遗产”的话，那就是他把自己的思考和行动，高度统一到了他所面临的时代和实际中。

今天的农村，难道不是更需要像梁生宝这样的带头人吗？不是更需要这样风雨兼程、敢闯敢干的意志力和想象力吗？这大概就是时代呼唤梁生宝的原因。

《山乡巨变》

——同人民群众保持着血肉联系的杰作

周立波 著　作家出版社　1958.7

这是在湖南省一个僻静山乡清溪乡发生的故事。1955年，团县委副书记、共产党员邓秀梅奉命来到这里，与农民一起建立合作社。一些私心较重的老农却不肯入社，邓秀梅对他们进行耐心细致的思想教育，合作社最终赢得了秋季丰收。

这部作品善于运用方言土语，富有浓郁的地方色彩。如同作者周立波的另一部小说《暴风骤雨》一样，具有鲜明的时代感。农业合作化运动使中国农民第一次饱尝了乌托邦强大而不可抗拒的力量，壮阔的波澜触动了每一个角落，也引起了巨大的矛盾，在父子、夫妻之间，在每个人的心灵之间，都展开了深刻的冲突。最后，那些刚刚得到土地又将它们交出来的农民们，在党的领导下，终于使得自身的经济基础、社会习俗、家庭生活、爱情观点都发生了巨大变化，农业合作化运动也如愿以偿地成功，所有山乡都出现了新的面貌。

《山乡巨变》的可贵之处，在于它为中国当代文学的人物画廊，又增添了一批个性鲜明、栩栩如生的人物形象。特别是“亭面糊”，简直就是《暴风骤雨》中那个逗人发笑的老孙头的亲兄弟，形象丰满且富有立体感。茅盾特别赞赏《山乡巨变》:“结构整齐，层次分明，笔墨干净，勾勒人物，朴素遒劲”;“他是越来越洗练了，而且，在紧锣密鼓之间，以轻松愉快的笔调写一二小事，亦颇幽默可喜”。这些，正是周立波个人风格的重要方面。

《山乡巨变》扉页

普列汉诺夫说过：“愈是大作家，他的作品的性质由他的时代的性质而定的这种关联也就愈强烈愈鲜明。”周立波生活在一个“盈满了忧郁的酸辛的泪水，也迸发着庄严的战斗的火花”的时代。他到过烽火连天的抗日前线，参加过“第二次长征”——跟随三五九旅南下抗日；建国初期曾三次到北京石景山钢铁厂深入生活；但更多的时间则是泡在农村里。20世纪40年代中期，他参加了东北轰轰烈烈的土地改革运动；50年代农业合作化运动高潮中，他又举家南迁，从北京回到家乡益阳农村，建立长期的生活和创作基地。正因为他毕生同人民群众保持着血肉般的联系，才能够创作出《暴风骤雨》《山乡巨变》那样脍炙人口的长篇巨制。

“

十七年的长篇小说创作成就突出，其社会影响非常广泛，读者数量非常庞大。许多长篇不仅仅被当作文学著作，还被当作政治教科书和生活教科书。中国几千年的历史，文学作品很多，描绘农民生活，塑造农民形象的小说却基乎找不到，但是在十七年时期，许多长篇小说塑造了丰富的农民形象，涵盖不同的乡村人物类型，刻画了中国农民不同的性格特征和精神世界，谱写了一首首历史、时代应给予农民的赞歌。

这一时期的城市文学是稀缺品。与乡村生活相比，城市生活有着远为复杂的人际关系、生活形式。城里人常常在一些巧妙的应对中体会着生活的惬意，世故圆滑也养成了他们生命力的内敛。在建国最初的17年里，世俗的日常生活场景因其乏新、平庸而被拒绝，就连老舍，也是放弃了反映旗人生活的小说《正红旗下》的写作。

”

《茶馆》

——人民艺术家的“京味”世界

老舍 著　中国戏曲出版社　1958.6

老舍是新中国第一位获得“人民艺术家”称号的作家。代表作有《骆驼祥子》《四世同堂》《茶馆》等。他的名字总是与市民题材、北京题材密切联系在一起：从一年四季的自然景色、不同时代的社会气氛、风俗习惯，一直到三教九流各色人等的喜怒哀乐，自成了一个完整丰满、“京味”十足的世界。

写于1957年的《茶馆》，是老舍一生中最优秀的戏剧创作之一，全剧共三幕，分别描写了三个时代。第一幕以1898年戊戌政变失败为背景；第二幕以袁世凯死后的军阀混战为背景；第三幕以抗日战争胜利后，国民党政府加紧黑暗统治为背景。通过裕泰茶馆这个“窗口”，截取一系列生活横断面，反映了近50年社会历史的风云变幻，揭露了三个时代的黑暗腐朽，从而达到作者“葬送三个时代”的艺术目的。

对这一宏大主题的表现，老舍选择从“小人物”的生活变迁入手，众多的人物被放置在不同时代风貌的场景中。这些人物，来自市民社会的各个阶层：茶馆的掌柜和伙计，受宠的太监，走实业救国道路的资本家，老式新式的特务、打手、说书艺人、相面先生、逃兵、善良的劳动者……其中，常四爷、王利发和秦仲义贯穿全剧。他们的性格、生活道路各不相同，“旗人”常四爷耿直，“一辈子不服软”；秦仲义办工厂，开银号，雄心勃勃；掌柜王利发则“见谁都请安、鞠躬、作揖”，但最终都走投无路。“我可没做过缺德的事，伤天害理的事，为什么就不叫我活着呢?”“我爱咱们的国呀，可是谁爱我呢?”——道出了多少悲伤离愁。

新旧社会对比，是老舍结构作品的方法，也是他的历史观。他对于“旧时代”北京社会生活的熟悉，对于普通人遭际命运的同情，他的温婉和幽默，他的含泪的笑，使这部作品接续了他创作中深厚的人性传统。北京人民艺术剧院的一代卓越艺术家，如于是之、郑榕、黄宗洛、英若诚等人的演出，对确立该剧在当代的“经典”地位，也起到了重要的作用。

《茶馆》扉页

《欧阳海之歌》

——28天30万字的时代光芒

金敬迈 著 人民文学出版社 1965.12

当我们翻开欧阳海及其相关人物背后的故事，当我们经历改革开放40年的时代变迁，立足21世纪时代风云，重新面对未来的时候，蓦然回首，欧阳海这位战士身上分明闪耀着英雄般的光芒。

欧阳海是驻湖南耒阳部队的一名班长。1963年11月18日凌晨，他随部队出发野营训练，路过京广线时，一辆载着五百多名旅客的火车鸣笛驶来。驮着炮架的一匹军马猛然受惊，窜上铁道，眼看一场车翻人亡的事故就要发生。欧阳海毫不犹豫地冲上去，用尽全力把惊马推离了铁轨，自己则被列车撞成重伤，不幸牺牲，年仅24岁。1964年，广州军区追授欧阳海一等功和“爱民模范”荣誉称号。1月22日，国防部命名他生前所在的班为“欧阳海班”。3月19日，朱德、董必武、贺龙、徐向前、聂荣臻、叶剑英等人为其题词，号召全国人民向欧阳海学习。

按照指示，金敬迈创作了小说《欧阳海之歌》。这部30余万字的小说，作者仅用28天就写完了。小说中欧阳海推开惊马时短短四秒钟的充满想象力的描写，曾经影响了一代文风：

七班战士紧跟着人欢马跃的炮兵连，进入峡谷。突然，不远处，两山缝隙里，冲出一列火车。列车驶近了，炮兵连一匹胆小性躁的黑色驮马，骤然受惊，背着高大的钢铁炮架，疯狂的窜上铁道，横在路心，竖耳瞠目，瑟瑟打抖，死活不动。

雷霆万钧的车头，喷吐浓烟，鼓起强风，风驰电掣地逼近、逼近……

50米，马不动！40米，马不动！30米，马，还是一动不动！

急转弯！陡坡路！30米距离，每小时30公里的速度，四秒钟后，脱轨覆车的惨祸，即将发生！

列车滚动巨大的钢轮，响声隆隆，排山倒海，越逼越近……

上去，粉身碎骨！不上，车毁人亡！上？不上？这惊心动魄的时刻，还容得斟酌吗？

欧阳海箭步飞身，抢上路心，水淋淋的雨衣，噗拉拉地飘起，高高地扬向风云变色的天空，他脸不变，心不跳，拼出性命把战马推离了轨道……

列车停稳了，旅客的危险消除了！

副班长在染血的车轮下，抱着重伤的欧阳海，失声痛哭，呼唤着班长的名字。

风停了，雨住了，雪白的云层里，射出了色彩缤纷的阳光。霞光万道的云空，搭起了虹桥。欧阳海慢慢地睁开眼睛，看看朝夕相处的战友，又看看转危为安的列车，嘴角上露出一丝微笑，安详地合上了眼帘。

《欧阳海之歌》书影

1965年7月，《欧阳海之歌》刊发在《收获》上。同年10月，解放军文艺出版社出版了这部小说，次年4月，人民文学出版社又出版了第二版。《欧阳海之歌》一经全国发行，立刻引起轰动。当时的总政治部文化部部长谢镗忠说要查查《欧阳海之歌》究竟印了多少，检查的结果是两千万册，可见这部作品“火”的程度。

穿透岁月有着蹦极人生的金敬迈，一世沉浮到了晚年，可以说活得天不怕地不怕，唯独在重游欧阳海纪念馆时恭敬地鞠了个躬，情真意切地说了一句：无论岁月时代如何变迁，天下为公的集体主义，舍身取义的英雄主义，永远都会得到历史的肯定、人民的敬仰。

“

这17年，东西方两大阵营意识形态的对立，虽然导致新中国与欧美文学直接交往关系的中断，但欧美文学翻译却取得了相当大的成就。这一时期翻译出版欧美古典文学约千余种，如《莎士比亚全集》《雪莱抒情诗选》《鲁滨逊漂流记》《红字》《少年维特之烦恼》《白雪公主》《红与黑》《悲惨世界》，还有苏联的《钢铁是怎样炼成的》《安娜·卡列尼娜》等。笔者曾采访作家陆天明，他告诉我，那个时代的热血青年都读《怎么办》。《怎么办》讲的是俄国的一批民粹主义者，他们都是贵族的后代，为与沙皇做斗争，他们做着艰苦的努力：冬天，他们不穿棉衣，睡觉不盖棉被，他们还在自己的床单下面铺上鹅卵石……以此磨炼自己的意志。而陆天明他们那一代的热血青年，正是仿照这样的热情来参与最初的社会主义建设的。

”

《牛虻》

——当时中国最畅销的翻译小说 ［英］艾捷尔·丽莲·伏尼契 著 李民 译 中国青年出版社 1953年

《牛虻》是爱尔兰女作家艾捷尔·丽莲·伏尼契创作的长篇小说，该书描写了意大利革命党人牛虻的一生。1897年，该书在英国出版，并一直默默无闻。1953年，我国翻译出版后，发行量达100多万册，是当年中国最畅销的翻译小说，与《简·爱》和《红与黑》并列成为当时最轰动中国的三大外国经典文学名著。文学作品在本国籍籍无名反而在国外出色在文学史上并不多见，原因之一与当时中国青年所持的文学观念和思想倾向有关，他们乐于阅读革命志士传奇式的故事，学习并且仿效那些临危不惧、宁死不屈、为人民而战斗的英雄形象。

《牛虻》的故事发生在19世纪30年代的意大利，故事的主线是主人公阿瑟从一个单纯的爱国青年，成长为坚毅的革命者。从公元8世纪开始，一直到19世纪，意大利地区就受教皇国的统治。这个教皇国，不是一个单一制国家，而是由许多城邦、小国和贵族领地组成的，受罗马教廷领导，政教合一。1815年，拿破仑战败之后，维也纳会议召开，奥地利、俄罗斯、普鲁士、法兰西四国缔结“神圣同盟”，在上帝的名义下，重新划分势力。这一回，奥地利取得意大利主要地区的控制权。

从1848年开始，意大利各地爆发了反抗奥地利统治的运动。当时的罗马教皇是庇护九世，这位教皇比较开明，颁布了一系列改革措施，比如开放新闻自由、建立公民自卫队等。但是，面对民族独立运动，教皇却不可能公开支持某一方，因为作为天主教领袖、上帝在人间的代言人，归根结底，教皇是没有民族性、没有国籍的，他的目标是基督教世界的统一和扩大，就不可能支持意大利教徒去打奥地利教徒。而在意大利人眼里，他们需要独立统一、需要反击侵略者，所以普世性的宗教必然和民族革命冲突。《牛虻》的故事，就建立在这种冲突上。

主人公阿瑟是个私生子，从没见过自己的爸爸，他妈妈嫁给一个二婚的英国富商。富商和妈妈去世后，原配生的两个儿子继承了家产，阿瑟继续着寄人篱下的生活。尽管哥哥们供他吃穿读书，但没什么感情，一直把他当外人，刻薄的嫂子动不动就提起他不怎么光彩的身份。虽然家里环境恶劣，阿瑟却长成了个温柔单纯的少年，因为在家庭之外，有两个最重要的人给了他爱的温情：一个是医生的女儿琼玛，阿瑟的初恋对象；一个是红衣教士蒙泰尼里，他的精神导师。

受蒙泰尼里的影响，阿瑟长大后去了神学院上学。而跟阿瑟青梅竹马的琼玛则投身民族独立事业，加入了青年意大利党，是党里的活跃成员。在一次忏悔中，单纯的阿瑟不经意泄露了组织成员的信息，导致自己和党里的一个主要成员被捕。被捕已经够倒霉了，出狱后的打击，更让阿瑟难以接受。琼玛误以为阿瑟是故意出卖同志，伤心失望之下给了他一记耳光。阿瑟回到家以后，又跟嫂子起了冲突。吵着吵着，嫂子爆出了一个大秘密：原来，阿瑟的亲生父亲正是蒙泰尼里。这个他最信任、最崇拜的人，让他成了私生子。蒙泰尼里的欺骗和背叛，让阿瑟陷入彻底的绝望和愤怒，他当场砸碎了神像，和上帝反目成仇，又伪造出自杀现场，离开这个伤心地，隐姓埋名去了南美洲。

13年后，一个浑身病痛、腿有残疾的古怪男人回到了意大利，他声音阴柔，说话刻薄，有时候冷酷，有时候又突然任性得像个孩子。他反对教会，尤其憎恨已经当上红衣主教的蒙泰尼里。他的笔就像一把刀，用讽刺文章把敌人刺得鲜血淋漓。这个古

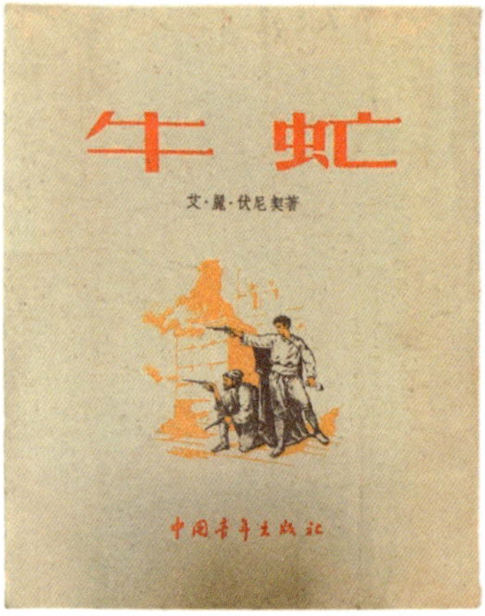

《牛虻》封面

怪男人的名字叫牛虻。当然，牛虻就是阿瑟，他回到琼玛身边，与认不出自己的爱人并肩作战。而当琼玛逐渐对他的身份生疑时，牛虻再度入狱，受到酷刑。在监狱里，牛虻还和蒙泰尼里见了面，坦白了自己的身份。蒙泰尼里非常痛苦，但仍然选择站在上帝一边。最终，绝望的牛虻被执行枪决，而为上帝献祭了儿子的蒙泰尼里受到惩罚——他发了疯，很快离开了人世。

“

在中国，许多读者是通过《钢铁是怎样炼成的》知道《牛虻》的。

1942年，《钢铁是怎样炼成的》被翻译成中文。这部作品因为作品中多次引用了《牛虻》，让中国读者对这本只闻其名、不见其面的小说充满向往。1953年版《牛虻》的译者就回忆说，他中学时期读了《钢铁是怎样炼成的》，对书中多次提到的“牛虻”非常好奇，心里想着有朝一日读读原著，把它译介进来。《钢铁是怎样炼成的》和《牛虻》之间的联系，主要表现在保尔·柯察金和牛虻这两个人物之间的传承关系上。比如，当保尔受了重伤，在医院治疗的时候，无论承受多大的痛苦，他都一声不吭，有人问他怎么做到的，他说“您读一读《牛虻》就明白了”。20世纪50年代初，一位叫马仁的志愿军战士在朝鲜战场上牺牲，而他留下的日记中写了三个名字：牛虻—保尔—马仁。当时，《牛虻》中译本还没有出版，可是因为小说人物之间的命运关联性，也因为中国人自身的历史语境和信仰，牛虻和保尔已然合二为一，共筑起中国读者心目中的英雄谱系。

”

《钢铁是怎样炼成的》

——激励中国那代青年人奋发向上

尼古拉·奥斯特洛夫斯基 著　梅益 译　少年儿童出版社　1961 年

《钢铁是怎样炼成的》为前苏联作家尼古拉·奥斯特洛夫斯基所著，写成于1933年。小说通过记叙保尔·柯察金的成长道路告诉人们，一个人只有在革命的艰难困苦中战胜敌人也战胜自己，只有在把自己的追求和祖国、人民的利益联系在一起的时候，才会创造出奇迹，才会成长为钢铁战士。1942年，《钢铁是怎样炼成的》被翻译成中文。1949年以后，中苏蜜月期来临，苏联小说成为国内引进外国文学的主要来源，这部作品很快家喻户晓。1961年梅益完成了中文本的翻译，自此，这部小说在新中国广为流传，并激励着一代又一代的中国青年。

小说真实而深刻地描绘了十月革命前后乌克兰地区的广阔生活画卷，塑造了以保尔·柯察金为代表的一代英雄的光辉形象。主人公保尔·柯察金出生在乌克兰的舍佩托夫卡城，他和母亲、哥哥生活在一起。他们和大多数人一样生活得很贫穷。保尔因报复凶狠的神甫的虐待，被学校开除了。为了生活，保尔只好去火车站的食堂做童工，在那里，他看到了社会中更多的丑恶和不平。1917年沙皇被推翻了，红军来到了保尔的家乡。在老布尔什维克朱赫来的引导下，年轻的保尔逐渐成长起来。他冒着危险救出被捕的朱赫来，并被哥萨克匪兵毒打，关进了监狱……在苦难中成长起来的保尔参加了红军，成为一名优秀的侦察兵，后在著名的英雄布琼尼率领的骑兵部队中英勇作战。他因负伤回到地方，担任共青团的工作。他忘我地投身到为巩固苏维埃政权的建设和斗争中。在严寒的西伯利亚修筑铁路时，保尔的旧伤复发，差点儿死去。出院后，保尔已不能正常工作，他很痛苦，身体每况愈下，以至双目失明。他始终顽强地与病魔斗争，并用笔写下了光辉的人生。

通过揭示保尔为了党和人民的事业，敢于战胜任何艰难困苦的刚毅性格，小说形象地告诉青年一代，什么是共产主义理想，如何为共产主义理想去努力奋斗。革命战士应当有一个什么样的人生，这是小说的主题。保尔在凭吊女战友娃莲的墓地时所说的那段话，就是他的共产主义人生观的自白，也是对小说这一主题的阐发：“人最宝贵的东西是生命，生命属于人只有一次。人的一生应该是这样度过的：当他回首往事的时候，他不会因为虚度年华而悔恨，也不会因为碌碌无为而羞耻。这样，在临死的时候，他就能够说：‘我的整个生命和全部精力，都已经献给世界上最壮丽的事业——为人类的解放而斗争。’”

不过，一部真正的经典之作，应该是丰富的艺术审美性和丰富的精神内涵的统一体，而不应该成为某种意志的传话筒，俄罗斯经典的文学作品正是这样的统一体。在这些作品中，对广袤的俄罗斯黑土地的眷念、对苦难的直面、理想的向往、肉体的欲望、精神的追求、绵延诗意的流淌、焦灼心灵的奔逃等，都被大师们天衣无缝地糅合在一起。而《钢铁是怎样炼成的》在思想上、在艺术上显然都没有达到这样的高度。但是，它对中国那代青年人的影响却是达到一定“高度”。

奥斯特洛夫斯基只活到32岁，他英勇斗争的一生，与保尔·柯察金的经历交织在一起，很难把这两者分开。

第二章

并非只有『八个样板戏和一个作家』

1966—1976年这十年，书少是人们普遍的感受。受时代影响，一些图书有着那个时代鲜明而深刻的印记。时光荏苒，如今，这些书已成为收藏者们的热衷之物，也成为记录中华人民共和国那一段特殊历史的载体。

对这十年的图书出版来说，浩然是个绕不过去的人物。更有人说，这十年的文学艺术成就是“八个样板戏，一个作家”，这一个作家说的就是浩然。自1956年11月短篇小说《喜鹊登枝》在《北京文艺》上发表，此后的50多年中，浩然先后创作出《艳阳天》《金光大道》《苍生》《乐土》《圆梦》等70余部作品。

浩然在上世纪50年代登上文坛时，便显示出了优良的艺术气质和突出的表现才能。在他的小说里，农民式的喜怒哀乐声息可闻，尤其是他的语言，气味清新，节奏明快，又不失幽默。《艳阳天》开头第一句，“萧长春没了媳妇，三年还没有续上”，如今萧家是“二根筷子夹一根骨头，三条光棍”，让人不禁哑然失笑。1966年，他的多卷本长篇小说《艳阳天》出齐，历史便借这位当时还很年轻的作家之手，给“十七年文学”画了句号，《艳阳天》成为“十七年文学”的幕终之曲。

《金光大道》

——农民代言人的农村故事

浩然 著 人民文学出版社 1972.5

1953年，中共中央正式提出党在过渡时期的总路线：“要在一个相当长的历史时期内，基本上实现国家工业化和对农业、手工业、资本主义工商业的社会主义改造。这是国民经济发展的基本要求，又是实现三大改造的物质基础；而实现对农业、手工业和资本主义工商业社会主义改造又是实现国家工业化的必要条件。”《金光大道》写的就是“三大改造”之一的农业改造。书中描绘了冀东一个名叫芳草地的普通村庄，在高大泉的带领下，与错误路线斗争，坚持走“金光大道”的故事。浩然说：想给中华人民共和国的农村写一部“史”，给农村立一部“传”，想通过它告诉后人，几千年来如同散沙一般个体单干的中国农民，是怎样在短短的几年间就“组织起来”，变成集体劳动者的。有学者也认为浩然的作品“是很形象的中国农村近半个世纪的图画”，“具有史料性和艺术性两方面的价值”。浩然对自己作品的评价是：“在所有的作品中，我最偏爱这部《金光大道》。”浩然以“深入一辈子农村，写一辈子农民，给农民当一辈子忠实代言人”为誓言，在冀东和北京郊区农村做了50年艰辛的生活积蓄和艺术耕耘，成就自然是被世人公认的。

这个16岁入党，只上过三年小学，32岁写出长篇小说《艳阳天》的农民子弟，创造了中国文坛的“奇迹，亘古未出现过的奇迹”（浩然语）。在梁晓声看来，浩然在“文革”期间创作的包括《西沙儿女》在内的作品，的确与政治靠得很近，“但在那个时期，完全由不得他，他也是被时代所裹挟，这一点我能理解他。”梁晓声认为，当年被时代高高抛起的浩然，仍然保持着作为作家的良知，他并没有像有些得势人那样做出伤天害理的事来，这是难能可贵的。

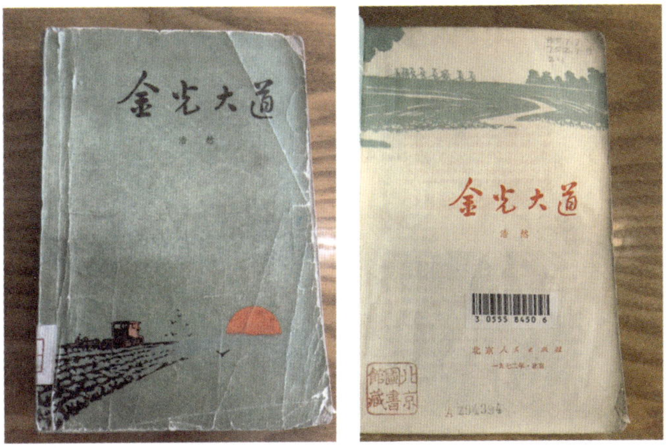

《金光大道》书影

浩然曾写道："1976年的春寒时节……忽然间，有那么一个冷风呼啸的深夜，我凄凉地感到自己的艺术生命的旺盛期过去了。当时正在壮年的我，终日里把大半精力消耗在忧国、忧民、忧己的苦闷与自危、自卫上面，把主要的时间支付给政治活动、迎送外宾的奔忙上面，这哪里还像个作家呢？这怎么能够让自己心神宁静下来写作，又怎么能够写出使自己和读者满意的作品呢？……我深为前途茫茫，而灰心丧气。"

1987年《苍生》出版。他以苦熬死受的田成业一家为主线，展现出新时期农村的众生相。在艺术上，更注意挖掘人物的内心世界，语言依然保持朴实、生活化的优点。《苍生》的问世，表明浩然摆脱了思想上的束缚，向着更新的目标迈进。

“

钱锺书曾提到在“干校”生活中最苦恼的事是“没有书读”。然而，文化存在于人们心中，尽管有着严格的禁锢，民间还是通过各种各样的渠道，阅读到经典图书。作家张抗抗回忆，那时候“偷书”和“传书”是很正常的事情，总有办法能寻到一些书，如《高老头》等。当时知青们之间谁有了书都会互相传看，很多书都散页了，要用手工缝上继续传，“我记得《浮士德》就是在小兴安岭插队时看完的。”张抗抗说。

这一时期，一些实用型图书发行量较大，医药类图书和技术书籍尤其受人们欢迎。1968年开始，大批知识青年上山下乡，而农村缺医少药是普遍情况。通过各种医药入门书籍，可以解决不少小疾患。所以，那个时候，《农村医疗手册》《快速针刺疗法》《赤脚医生教材》等都是百万册的发行量。此外，以无线电为代表的技术书籍《晶体管收音机》《电工修理手册》等也反映出人们学实用技术的心态。

1972年，毛泽东多次批评文艺作品太少，希望繁荣文艺创作。从这时起一些文艺书籍出版稍有恢复，鲁迅作品集单行本24本到1973年底全部出齐，《三国演义》《儒林外史》等古典作品也相继出版。

”

《李自成》

——中国第一届茅盾文学奖作品

姚雪垠 著　中国青年出版社　1976.12

《李自成》书封

1976年12月，姚雪垠的长篇历史小说《李自成》(第二卷)出版，这部著作共有五卷，第一卷于1963年出版，第三卷于1981年出版，后两卷于1999年完成。其中第二卷获得第一届茅盾文学奖。小说以李自成领导农民起义军抗击明王朝官兵的斗争为主要情节，同时，辅之以崇祯皇帝指挥追剿“流贼”，以及张献忠、罗汝才起事、洪承畴东征等次要情节，展示了明末农民起义摧枯拉朽的伟大力量和农民军艰苦卓绝、不屈不挠的抗争精神。

茅盾说：“作者在《李自成》中，打算为中国的封建社会生活，描绘一幅绚丽多彩的画卷，在已出的两卷中，已经写了一部分；在以后的三卷中，还欲深入一层去描写。中国的封建文人也曾写过丰富多彩的封建社会上层和下层的生活，然而，用历史唯物主义和辩证唯物主义来解剖这个封建社会，并再现其复杂变幻的矛盾的本相，‘五四’以后也没有人尝试过，作者是填补空白的第一人。”

小说第二卷创作于“文革”时期，按作者的说法，小说前三卷的主题思想是“农民起义是推动历史前进的动力”，这一主题属于革命范畴。而小说第四、五卷则创作完成于“文革”以后，作者“不断深入地研究历史”，解除了“主题先行”的约束，觉得自己“较为客观地写出了李自成后期违反历史前进规律的局限性”。

《闪闪的红星》

——把小英雄潘冬子推向世界

李心田 著　人民文学出版社　1972.5

1974年，由八一电影制片厂摄制的中国儿童红色电影《闪闪的红星》，让人们记住了机智勇敢的少年英雄潘冬子，记住了“我胡汉三又回来啦”的恶霸地主胡汉三。这部电影改编自作家李心田1971年出版的同名小说（原名《战斗的童年》），这也是“文革”中出版的为数不多的有特色的文学作品。

《闪闪的红星》书封

故事发生在红军抗击日寇时期。20世纪30年代的中国，有一个名叫柳溪的小山村，处在恶霸地主、汉奸胡汉三的统治下。潘冬子的父亲响应号召参加了红军，家里只剩下母亲与冬子相依为命。冬子的母亲也是抗敌积极分子，从小耳濡目染的冬子虽然只有11岁，也决心长大参加红军。一天，汉奸胡汉三带领日军捉拿冬子妈，形势危急，为掩护其他群众撤退，冬子妈英勇牺牲。目睹妈妈被杀害的惨状，冬子决心用自己的力量为母亲报仇。他暗中帮助游击队送盐送信，机智勇敢地与敌人周旋。通过与敌人的斗争，冬子渐渐成长，也终于替母亲报了仇。

《闪闪的红星》出版后，中央人民广播电台连续广播了这部小说，少年英雄潘冬子的故事一下子就传遍全国，不久又被译成英、日、法、越等文字，传至国外。

“

除上述图书之外，1966—1976年出版的图书还有：

反映工业题材的有：李云德的《沸腾的群山》，周良思的《飞雪迎春》，李良杰、俞云泉的《较量》，刘彦林的《东风浩荡》等；

反映农村、农场生活的有：克非的《春潮急》，谌容的《万年青》，毕方、钟涛的《千重浪》，郑加真的《江畔朝阳》等；

反映知青生活的有：郭先红的《征途》，张抗抗的《分界线》，汪雷的《剑河浪》等；

反映战争生活的有：郑直的《激战无名川》，黎汝清的《万山红遍》，前涉的《桐柏英雄》，孟伟哉的《昨天的战争》等；

反映空军生活的有：杨大群的《彝族之鹰》，齐勉的《碧空雄鹰》，王忠瑜的《鹰击长空》等；

反映渔民生活的有：姜树茂的《渔岛怒潮》，黎汝清的《海岛女民兵》，单学鹏的《渤海渔歌》等；

反映公安战线反特斗争的有：龚成的《红石口》，尚弓的《斗熊》等。

其中不少作品被改编成其他艺术形式广为发行。比如连环画，就有不少精品，例子也举不胜举。被改编为电影的也不少，比如《海岛女民兵》被改编为《海霞》上映，《闪闪的红星》被王愿坚、陆柱国改编为同名电影，《桐柏英雄》改编得稍晚一些，电影《小花》上映时，文革已经结束了，中国进入了新的历史时期。

”

八个样板戏

京剧《沙家浜》《红灯记》《智取威虎山》《海港》《奇袭白虎团》《龙江颂》；舞剧《红色娘子军》《白毛女》；交响音乐《沙家浜》，这八个样板戏是从“文化大革命”中走过的人们耳熟能详的作品。“全国人民唱样板”，一些学者把其称为“特殊历史时期奇特的文化现象”。由于样板戏的全国影响，样板戏图书如文学剧本、曲谱本等也成为“畅销书”。作家出版社原副总编辑石湾说，那时候样板戏的剧本完成后都必定会在权威的“两报一刊”（《人民日报》《解放军报》《红旗》杂志）上发表，然后便是各种出版物的蜂拥而出。据相关统计，1966 年至 1970 年全国文艺读物出版仅 137 种，总印数 42177 万册，其中“样板戏”剧本、曲谱本就印了 8292 万册。

《红灯记》

——共产党如何比钢铁还要硬，英雄自有后来人

《红灯记》

《红灯记》改编自电影《自有后来人》，讲述的是1939年日军对我东北抗日力量展开疯狂围剿，妄图控制整个东北地区并向中原一带渗透的故事。在地处东北地区交通要害的龙潭地区，以铁路工人李玉和为代表的地下党，为钳制日军、配合抗战进行着一系列灵活机智、艰苦卓绝的斗争。李玉和、李奶奶、李铁梅原本不同姓的三代人在共同革命信仰的感召下，演绎着生活在同一屋檐下的缕缕深情。

1963年春节，《红灯记》以沪剧的形式首次在上海公演，反响热烈，之后，该剧剧本被推荐给中国京剧院。中国京剧院接到指示，先由总导演阿甲拟出京剧剧本提纲，翁偶虹写初稿。而后，阿甲又在初稿基础上写出第二稿。刘吉典、周国兴、李广伯任音乐设计，李金泉设计老旦唱腔，李少春设计李玉和唱腔，张健民进行乐队编配，在唱腔、形体动作、舞台调度等各方面反复推敲，精益求精。从排演之初至汇演，京剧现代戏《红灯记》边排边改，从1964年第一次正式公演的第一版至1970年拍成舞台艺术影片的最终定稿，前后改动达200多次，累计演出近千场。

《红灯记》在获得人们一致称赞的同时，也获得了党中央、毛泽东的肯定，从1965年2月南下巡演开始，全国掀起学唱《红灯记》的热潮。台湾作家龙应台在她的《瞧瞧〈红灯记〉里的共产党如何比钢铁还要硬》一文中，回忆当时《红灯记》在台湾公演的场景，心中很震撼。革命样板戏几经波折，跨越海峡，在“国父纪念馆”舞台点燃红灯，自然一番滋味涌上心头。

《海港》

——反映工人题材的作品“样板”

八个样板戏中，《海港》是唯一一部反映工人题材的作品，原名《海港的早晨》，原本是上海淮剧团1964年排演的一部反映码头工人生活的戏，由著名淮剧演员筱文艳饰演女主角金树英。这部剧演出后受到码头工人的热烈欢迎。

1964年冬，江青插手上海京剧现代戏的创作，以需要一出写工人题材的戏为由，决定将《海港的早晨》改编成京剧。时任上海市委书记处书记的张春桥亲自挂帅，组织上海京剧团开始改排。看了彩排之后，江青匆匆回京之前，只留下让人捉摸不透的指示，照《智取威虎山》改。几经修改后，才知道是江青对当时饰演金树英的童芷苓很不满，还对戏中“风雨追舟”一场运用追光造成电影蒙太奇的手法大为反感。

于是，张春桥决定重组创作班子，改由闻捷、郑拾风、李晓民、郭炎生、何慢五人参与改编，要求用新诗样式代替老唱词。1965年4月完成试演本，将童芷苓换成了蔡瑶铣。但江青看后又指示支援亚非拉缺少矛盾，是“无冲突论”。该剧又再次反复修改，于1966年5月定名为《海港》，主人公名字也由金树英改成了方海珍，还成了一个“高大上”的英雄人物。

1967年6月，《海港》到中南海请中央领导审看，毛泽东看后说：“《海港》可以成为样板戏，但要改成敌我矛盾。”创作组又进一步作了修改，塑造了阶级敌人钱守维的形象。1971年11月，现代京剧《海港》终于得以进京演出，这次江青看得特别认真，拿着小本认真地记，每场结束还带头鼓掌。1972年2月，几经波折的《海港》剧本终定稿，并由《红旗》杂志发表。

《海港》

《奇袭白虎团》

——主席说这台戏“声情并茂”

《奇袭白虎团》来自朝鲜战场上的真实故事。1953年6月，中朝方面与“联合国军”已基本达成停战协议的框架，然而李承晚伪军“王牌”部队首都师却气焰嚣张，不断越过“三八”线向我方挑衅。7月13日，志愿军203师向李伪军号称“白虎团”的首都师第一团发起进攻，并由担任主攻任务的607团组成一支奇袭小分队，杨育才任队长。在总攻炮火掩护下，“白虎团”被奇袭小分队彻底捣毁，敌团长被击毙，5000多人被歼。这件事被203师的通讯干事王程远写成6万字的长篇报告文学《奇袭白虎团》，收编在《志愿军英雄传》第三辑中。

《奇袭白虎团》

中国人民志愿军京剧团将杨育才的事迹创作成京剧《奇袭白虎团》后，山东省京剧团作了修改加工，用京剧传统的表演程式和身段表现现代战争生活，在1964年6月的“全国京剧现代戏观摩演出大会”中获得成功，周恩来、朱德、贺龙、陈毅等观看后给予了高度评价，周恩来夸奖扮演严伟才的宋玉庆“演兵像兵，形象挺拔、精神抖擞”。8月，经江青推荐，毛泽东在北戴河观看了《奇袭白虎团》，并接见剧组人员，以“声情并茂”来评价这台戏。

1970年，江青指示将《奇袭白虎团》搬上银幕，还亲自调整演员班子，把拍摄任务交给了长春电影制片厂，由《我们村里的年轻人》导演苏里和《战火中的青春》导演王炎联合执导。影片在拍摄之初，因戏剧演出场次过多，宋玉庆先是得了肝炎，后来嗓子又遭到损坏，拍摄工作只能顺延。影片在长影拍了一年零10个月才完成，而那时全国已经有8部样板戏被搬上银幕，《奇袭白虎团》可真是“起了个大早，赶了个晚集”。

《红色娘子军》

——中华民族二十世纪舞蹈经典作品

《红色娘子军》

芭蕾舞剧《红色娘子军》根据同名电影改编而成，1963年由周恩来总理提议创作，1964年由中国国家芭蕾舞团首演成功。《红色娘子军》是中国芭蕾史上的一座傲人的里程碑，它破天荒地塑造了英姿飒爽的“穿足尖鞋”的中国娘子军形象，将西方芭蕾的技巧与中国民族舞蹈的表现手法结合，创造出民族芭蕾的世纪精品，并成就了中西文化在芭蕾艺术领域完美融合的世界奇迹。在音乐创作上，《娘子军连歌》《万泉河水清又清》等音乐几十年来经久不衰、深入人心。

这部芭蕾舞剧说的是土地革命战争时期海南岛农家姑娘吴琼花的故事。由于家中贫穷，吴琼花被恶霸地主南霸天强抢为奴。有一天，南霸天家来了一个华侨巨商，琼花又被作为礼品转到了那位“巨商”手中。“巨商”把她带到路途中，然后放了她。琼花回头看看这位年轻英俊的“巨商”感到惊奇和迷惘。她冒着风雨，越过树丛，一路急速奔跑，来到革命根据地，找到了中国工农红军，参加了琼崖独立师里一支完全由劳动妇女组成的战斗连队——红色娘子军。她见到党代表洪常青时她才明白，放走她的那位华侨“巨商”就是党代表洪常青乔装改扮的。之后，南霸天勾结国民党军队进犯根据地，洪常青完成阻击敌人的任务后，为了掩护战友撤退，身负重伤被俘，英勇就义。不久，红军解放了椰林寨，击毙了南霸天。战斗中，琼花因表现英勇，加入了中国共产党，并接任娘子军党代表职务。

《红色娘子军》是20世纪60年代在周恩来直接关怀下创作演出的，是我国芭蕾舞按照周恩来指示“革命化、民族化、群众化”进行改革的首次尝试。1964年9月在人民大会堂小礼堂首演时，周恩来出席并邀请了柬埔寨国家元首西哈努克亲王观看。1964年10月8日毛泽东观看时称赞《红色娘子军》的改革：“革命是成功的，方向是对头的，艺术上也是好的。”此后刘少奇、朱德、邓小平等党和国家领导人相继观看，并用此剧多次招待来访的外国元首、政府首脑等。1994年，《红色娘子军》被评为“中华民族二十世纪舞蹈经典作品”。

《白毛女》

——脍炙人口的流行歌剧

《白毛女》

“北风那个吹，雪花那个飘，雪花那个飘飘，年来到。爹出门去躲债，整七那个天，三十那个晚上还没回还……”这个《白毛女》中著名的唱段，在中国家喻户晓，至今仍传唱不衰。

《白毛女》以晋察冀边区的民间传说为主要素材，恶霸地主黄世仁逼死了善良老实的佃户杨白劳，抢走了他女儿喜儿并奸污了她，最后又逼得她逃进深山。喜儿怀着强烈的复仇意志顽强地活了下来，因缺少阳光与盐，全身毛发变白，被附近村民称为“白毛仙姑”。八路军解放了这里，地主被镇压，喜儿报了仇伸了冤，重又回到自己的村庄，开始了新生活。全剧通过艺术形象深刻地表达了“旧社会把人逼成‘鬼’，新社会把‘鬼’变成人”的主题思想，使“喜儿”以及与“喜儿”有着共同命运的千千万万农民得到解放。

1965年5月，由上海市舞蹈学校根据歌剧《白毛女》编排的同名大型芭蕾舞剧在上海徐汇剧场首次亮相。这部舞剧以芭蕾为基础，同时融入中国丰富的民间舞蹈，并吸收传统戏曲的表现手段，极具民族特色。尤其是在原歌剧音乐基础上进行延伸创作的舞蹈音乐，旋律清晰、歌唱性强，像上述的《北风吹》，还有《扎红头绳》《太阳出来了》等脍炙人口的歌曲至今仍广为流传，时常出现在文艺节目演出及音乐会中。

《沙家浜》

——芦荡里的“革命火焰”

《沙家浜》

《沙家浜》的前身是沪剧《芦荡火种》,《芦荡火种》是由上海市人民沪剧团根据真人真事创作的一个故事。1939年秋，在江阴县顾山镇对“忠义救国军”的战斗中，时任新四军江南抗日义勇军第二路政治部主任刘飞，率领警卫班战士向敌人发起冲锋，打退敌人进攻，但自己也身受重伤。战斗结束后，面对日伪顽匪相互勾结、下乡“扫荡”的险恶环境，在地方党组织和群众的支持帮助下，带领数十名伤员，不畏艰险，重建武装，坚持抗日斗争。

沪剧《芦荡火种》上演后，在戏剧界和观众中引起了广泛兴趣和强烈反响，仅上海一地，就有不同剧种的9个剧团排演《芦荡火种》，在全国排演此剧的更是有31个剧团之多。1963年，北京京剧团接受了改编沪剧《芦荡火种》的任务，创作组由汪曾祺、杨毓珉、肖甲、薛恩厚4人组成，汪曾祺作为主要执笔者，在改编过程中把功夫放在了剧本的文学性上。改编后的《芦荡火种》最初取名为《地下联络员》，由赵燕侠饰阿庆嫂，谭元寿饰郭建光。

经国家领导人审看，批准对外公演。剧名最后由毛泽东一锤定音，他幽默地说：“芦荡里都是水，革命火种怎么能燎原呢？再说，那时抗日革命形势已经不是火种而是火焰了嘛……戏是好的，剧名可叫《沙家浜》，故事都发生在这里。”于是剧名定为《沙家浜》。

《智取威虎山》

——雪原里“孤胆英雄”的永恒记忆

《智取威虎山》

《智取威虎山》由上海京剧院根据曲波小说《林海雪原》中“智取威虎山”的一段故事，并参考同名话剧改编。经历了无数次的修改和打磨，终成为上海京剧院的经典保留剧目，也是京剧舞台上久演不衰的现代戏代表作。由童祥苓饰演的“孤胆英雄”杨子荣，成为了那一代人心中的永恒记忆。

《龙江颂》

——未经审查就获得了通过

曾担任过中国女排主教练的陈忠和出生在福建省龙海市，他在自传《笑对人生》中有这样一段叙述："在我的记忆中，龙海有不少闻名全国的人和事。家乡曾经还有一出很出名的戏，叫《龙江颂》，后来改成了'革命现代样板戏'，移植成京剧，拍成电影，讲述的原型和背景也在龙海。只不过，《龙江颂》的女主人公江水英，在家乡的原型是个男子汉而已。"

《龙江颂》讲述的故事，正是发生在龙海市的榜山镇。

1963年，当时还是"县"的龙海县发生了历史上罕见的特大旱灾。为抗击灾情，全县人民以战天斗地的英雄气概，团结一致，投入到艰苦的堵江抗旱斗争中。在九龙江西溪堵江截流中，榜山公社做出自我牺牲，淹掉1300亩小麦和秧田，确保截流工程胜利，这种顾全大局的精神，被誉为"榜山风格"。

这件事经《人民日报》《福建日报》报道后，迅速传开。福建省话剧团以这一故事为原型，很快就创作推出了话剧《龙江颂》。剧中故事的地点被改成玉溪人民公社龙江大队。主人公是龙江大队支部书记郑强，他发扬共产主义风格，说服大队长林立本，堵江淹田，救出了公社受旱的田地。这出话剧上演后受到观众欢迎，在1964年2月中国剧协举办的座谈会上，这出话剧受到曹禺先生的肯定，曾专门撰文予以推荐。不久，江青介入此剧，并指示上海京剧院将其改编为同名京剧。

京剧《龙江颂》在人物塑造和情节编排上都有不小的改动。最大的变化，是龙江大队党支部书记郑强"摇身一变"成了女书记江水英，落后的大队长也改名叫李志田。而剧中的突出矛盾也由人与自然的矛盾改为江水英和李志田的思想斗争。创作人

《龙江颂》

员认为，如果不承认人与人之间的矛盾，“丢掉阶级斗争这个纲”，矛盾冲突就得不到加强，江水英的英雄形象也不够鲜明。于是通过一组组戏剧冲突，把各种各样的矛盾都汇集到江水英的面前，让她的光辉形象在发现矛盾、解决矛盾之中突显出来。

这出京剧随后被搬上银幕自然也成了顺理成章的事。

江青把拍摄任务又交给了“信得过”的北影厂，导演、摄影仍然用已经积累了不少样板戏影片拍摄经验的老搭档谢铁骊和钱江。他们两位也轻车熟路地用了不到三个月的时间就将影片拍摄完成。

《龙江颂》拍得快，审查过程也快得出人意料，未经江青审看，就予以通过，而且是由毛泽东亲自点头批准的。原来在影片等候审查期间，毛泽东就观看了这部新片，对戏里所展现的龙江风格大加赞扬，很快，这部影片就顺利公映了。

《杜鹃山》

——两台《杜鹃山》同台竞技

《杜鹃山》原是上海青年艺术剧院于1965年上演的一部话剧。剧中表现了由队长乌豆率领的一支湘赣边界农民武装，在共产党派去的女代表贺湘帮助下，打败了反动武装，最后奔赴井冈山的故事。

1965年，江青在上海看了话剧《杜鹃山》后，觉得这出戏很有发展前途，便要求北京京剧团将该剧改编成京剧。改编后的京剧，剧情和人物对话很生活化，唱段也颇有特色。1964年，《杜鹃山》参加了在北京举行的全国首届京剧现代戏观摩大会。在这次观摩会上，有两台《杜鹃山》参加演出——除了北京京剧团的《杜鹃山》，还有一台是宁夏京剧团的《杜鹃山》。宁夏的《杜鹃山》，剧中的乌豆由杨派传人李鸣盛饰演，贺湘由李丽芳饰演。这两台《杜鹃山》各有特色，而从总体上看，对宁夏版《杜鹃山》的反映更为强烈一些。特别是李鸣盛饰演的乌豆，身高体壮，气宇非凡，并在老生的唱腔中糅进了花脸和红生的唱法，体现出一种粗犷的生净结合的表演风格，将乌豆这一草莽英雄的豪放性格表现得淋漓尽致，连北京版乌豆的扮演者裘盛戎也赞不绝口。

会演结束后，文化部曾指示长春电影制片厂将宁夏的《杜鹃山》搬上银幕。后因江青将饰演贺湘的演员李丽芳调往上海的《海港》剧组而夭折。

1968年，江青再次下令修改《杜鹃山》，并指定中国京剧院的杜近芳取代赵燕侠担纲主演，裘盛戎和谭元寿的角色仍保留，还将剧名《杜鹃山》改成了《杜泉山》。尽管剧组按照江青的意思进行了排演，但江青看了修改后的《杜泉山》仍不满意，认为没有达到要求。毛泽东看了以后说该剧不全面，只反映了秋收起义，没有反映其他根据地。江青对毛泽东的意见虽不好说什么，但她不甘心自己看中的戏就这么不了了之，于是指派当时的国务院文化组副组长于会泳负责改编这出戏。

于会泳接手《杜泉山》后，立即组织人马，根据江青的意见对该剧的剧情、唱腔、武打等做了全面改造，把贺湘的名字改成了柯湘，乌豆的名字改成雷刚，同时对剧组人员进行了大刀阔斧的变动。一号人物柯湘，江青则是亲自出马，调来了上海青年京剧团的杨春霞担纲。江青之所以看中杨春霞，与她此前曾成功出演《白蛇传》《杨门女将》《拾玉镯》等剧目是分不开的。

江青虽然把《杜泉山》交给了于会泳，她却没有撒手不管，而于会泳更是不遗余力。剧组没日没夜地排练，常常为了一段唱腔练到后半夜，中间很少休息，演员上厕所的时间都没有，整个排练过程极其紧张和严肃，每段念白、每个音符都反复推敲、精益求精。就这样封闭式排练了一年多，1973年5月1日，新改编的现代京剧《杜泉山》（后改回《杜鹃山》）终于一炮打响了。

“

1967年5月9日至6月15日，京剧《红灯记》《智取威虎山》《沙家浜》《海港》《奇袭白虎团》，芭蕾舞剧《红色娘子军》《白毛女》，以及交响音乐《沙家浜》，这八个样板戏同时在北京上演，并被高度赞誉。1967年5月31日《人民日报》社论《革命文艺的优秀样板》一文，正式提出了“样板戏”一词。后来的《杜鹃山》《龙江颂》、钢琴协奏曲《黄河》、舞剧《沂蒙颂》等优秀作品并不在“样板戏”之列。也就是说，仅就“样板戏”而言，也不只是八个，而是二十多个。

由此看来，“八个样板戏，一个作家”这句话，值得商榷。

”

手抄本

“文革”时期，有一批手抄本文学在“地下”流传。手抄本基本有三方面的内容：反特、爱情、性，而张宝瑞的《一只绣花鞋》、张扬的《第二次握手》和无名氏的《少女之心》便是这三种手抄本文学的代表作。手抄本主要流行在 1970 年到 1976 年间，据统计，当时流传有 300 多种。“这世间，许多东西可以没有，许多东西可以被毁灭、被剥夺，但是无论何时何地，人们都不会放弃对精神生活的追求，伟大的文学作品和真实的历史记载应该是生生不息的。‘文革’手抄本的真正意义正在这里。”张宝瑞说。

《第二次握手》

——抄的不是书，是对总理的一片情

张扬 著 中国青年出版社 1979.7

青春的洪流无法遏止，就像地下的岩浆不会停止涌动。26岁的长沙青年张扬躲藏在湖南汨罗县智峰公社一个朋友家里写作小说《归来》——那里是山区，屋子小，没有窗户，深度近视的张扬坐在门口，借着门外映进来的雪光写作。

1970年，《归来》手抄本迅速秘密流传开来，在流传过程中，读者将其改名为《第二次握手》。已年过50的张英回忆说，自己读初一的时候曾加入《第二次握手》手抄行列，"当时不只是流通渠道的闭塞或是没有复印机的原因才手抄，而是抄的过程能注进一股感情，比如，在抄《第二次握手》的时候，我们能通过笔端注入对周总理的一片思念之情，这种感情现在是很难被理解的。手抄本其实就是一种感情的载体。"当时即便只是十二三岁的中学生也加入到了《第二次握手》的手抄行列中。

《第二次握手》写的是苏冠兰和丁洁琼的爱情故事。他们一共有两次握手，第一次是初恋时节，那时的他们正是翩翩少年，第二次握手是30年之后的1959年，他们已人到中年。

1929年，在齐鲁大学读书的苏冠兰奋不顾身地救起了溺水的丁洁琼，科学救国的共同志向使他俩产生了爱情。但是苏冠兰的父亲苏凤麒，却执意迫使儿子与故友之女叶玉菡成婚。为了摆脱父亲的束缚，苏冠兰准备与丁洁琼一起赴美留学。谁料父亲从中作梗，最终丁洁琼只身赴美。在美国学成为著名的原子物理学家后，丁洁琼因反对美国在广岛使用原子弹，被美监禁，从此中断了与苏冠兰的联系。但她不曾忘记与苏冠兰的誓言，毅然拒绝了别人的追求，返回祖国。回国后的丁洁琼得知苏冠兰已婚，便决定到遥远的边疆去搞科研工作。在周恩来的关怀及苏冠兰、叶玉菡热诚挽留下，丁洁琼抛开了个人的不幸，积极参加到祖国的科研工作之中。

《第二次握手》扉页

那时几乎所有手抄本都不署名，但不署名并不意味着安全。1972年春，手抄本《第二次握手》流传到北京，两年以后，首都一家报纸在其第960期《内部参考》中反映了《第二次握手》广泛流传的情况，姚文元批示：“这不是一般的坏书，也决不是工人能搞出来的。要查一下作者是谁，怎么搞出来的，必要的时候可以请公安部门帮助查。”不久，张扬就被拘留，以“利用小说进行反党活动”获罪，被“内定”死刑。1976年7月，这个内定的“杀案”，到法院走“过场”。在这个关键的时刻，遇上了正直的承办法官李海初。他读手稿后深受感动，不动声色地将案子扣在手中，拖延下来，直到1979年1月18日，张扬走出被关押了4年的监狱。

《一只绣花鞋》

——山城反特的经典手抄本

张宝瑞 著

几乎同时，张宝瑞也开始了《一只绣花鞋》的写作。张宝瑞这样描述过当时的情景："每当夜幕降临的时候，我就会坐在我家屋子前面的葡萄架下写我的小说《一只绣花鞋》等作品。在葡萄架不远的地方，有一株母亲亲手栽下的紫丁香，花开的季节，飘来淡淡的紫丁香花的清香，夹杂着枣林的气韵，灰色的旧屋顶笼罩在黛色之中，偶尔传来灰喜鹊的叫声，此情此景，颇有韵味，都能刺激我想象出很多故事。我一天能写出几千字的小说。"

《一只绣花鞋》主要讲述的是新中国成立前夕，败走台湾的国民党反动派不甘心失败，制定了炸毁山城重庆的"C—3计划"。我公安战士为破获敌人的阴谋，与潜伏在山城的敌特分子斗智斗勇，最终彻底歼灭特务，保卫了山城人民的生命财产安全。小说一开头就已经包含很多悬念和惊悚元素，渲染了恐怖的氛围，给人以神秘感和刺激感，令人心潮澎湃，热血沸腾。

与许多写作者不同，张宝瑞作品的流传是他自己主动的选择。哥哥到内蒙古插队，手抄本流传到大草原；表哥到西北当兵，手抄本又在新疆流传；同学到山西、陕西插队，手抄本便开始在黄土高原流传……

《少女之心》

——说起曼娜，大家都是心领神会

20世纪70年代中期，《少女之心》一度成为公安机关多次通报查抄的主要手抄本之一。从客观上来说，“文革”是一个漠视和抹煞性差别的时代，一些此前多由男性从事的高危行业中，如深山伐木、开采石油和高空带电作业，都出现了“铁姑娘”们的身影。“文革”也是一个高度禁欲的时代，在那时的文学作品中，英雄人物都是没有爱情的。因此，“黄色小说”手抄本的流传，是有些缘由的。

《少女之心》，又名《曼娜回忆录》，讲述的是主人公曼娜和表哥少华、同学林涛之间的三角恋情故事。上海学者朱大可最早接触这本书是在1974年。“当时我还在念中学，拿到书后，我立即套上毛选的书皮，这样会安全些。”“我当时并没有想过去把《少女之心》抄下来，但有些同学秘密地传抄，甚至为此手都抄肿了。不过，抄《少女之心》的人并不太多，大家也都是看过就算了。”在朱大可所在的中学，他认为大多数人应该都看过《少女之心》，因为说起曼娜，大家都是心领神会。

但后来的人们发现，其实《少女之心》的描写并未超出《赤脚医生手册》中有关生理卫生知识的介绍。

“黄皮书”“灰皮书”

“黄皮书”“灰皮书”是“文化大革命”前和“文化大革命”期间内部出版的一些作为反面教材的西方文艺和政治理论书籍，供领导机关和研究机构之用。按内容性质的不同，书皮分黄、灰两种，黄色为文艺书，灰色为政治书。

黄皮书、灰皮书是一代人的集体记忆。这批书包括被禁的西方文学名著；苏联的“解冻”文学作品；赫鲁晓夫时期对斯大林主义的控诉揭露；社会主义名门正派外的各支流的著述，比如普列汉诺夫、托洛茨基、吉拉斯；三四十年代中国自由主义知识分子的著作以及1957年的右派言论等。

其中，被提到比较多的是德热拉斯的《新阶级》，这本书的中心观点是说：苏联和第二次世界大战后一些国家中实行的社会主义制度与马克思、恩格斯所预言的、建立在生产力高度发展基础之上的共产主义是风牛马不相及的，它只具有使得东方落后国家以集权的方式完成自己工业化的工具价值。它同样也是一个阶级社会，官僚阶级是这个社会中的统治阶级、压迫阶级、剥削阶级，同工人阶级、人民群众处于对立位置。一旦这些国家的工业化完成，这种制度将因阻碍生产力的发展和集权统治的腐朽而被改变、被推翻。这本书写于20世纪50年代，较早涉及共产主义的出路问题，对于喜欢思考的年轻人自然是有吸引力的。

其他被提到比较多的书有托洛茨基《被背叛了的革命》、斯特朗《斯大林时代》、斯诺《西行漫记》、马迪厄《法国大革命史》等，其中对于后来成为诗人和作家的那些人产生影响更大的可能是文学作品如萨特《厌恶及其他》、加缪《局外人》、贝克特《等待戈多》、阿克肖诺夫《带星星的火车票》，还有《麦田的守望者》《基督山伯爵》等，这些书也在20世纪80年代对那时的青年产生了很大影响。诗人马佳就认为：王朔的文学形态无非是阿克肖诺夫文学形态的变种而已。

这些书籍为当时封闭状态中的人们打开了一个了解外部世界的小小窗口，影响了好几代的青年。至于它所涉及的“异端思想”，如政治和经济体制的改革、人学和哲学新潮、文学启蒙，等等，不仅后来直接催生了如朦胧诗派和星星画展等文艺流派，更间接地为中国后来的改革开放传达和释放了某种程度的信息和心理预期。

以下这些“内部读物”对那一代人的思想历程产生过极大的影响：

1. 列夫·托洛茨基著，柴金如译，《被背叛了的革命》，北京：三联书店资料室编印，1963.12

2. 密洛凡·德热拉斯著，陈逸译，《新阶级：对共产主义制度的分析》，北京：世界知识出版社，1963.2

3. 列夫·托洛茨基著，齐干译，《斯大林评传》，北京：三联书店资料室编印，1963.10

4. 特加·古纳瓦达纳著，齐之思译，《赫鲁晓夫主义》，北京：世界知识出版社，1963.11

5. 维利科·弗拉霍维奇著，林南庆译，《南共纲领和思想斗争“尖锐化”》，北京：三联书店，1964.2

6. 安娜·路易斯·斯特朗著，石人译，《斯大林时代》，北京：世界知识出版社，1957.4

7. 尼·谢·赫鲁晓夫著，陈世玉等译，《没有武器的世界：没有战争的世界》，北京：世界知识出版社，1957.4

8. 拉扎尔·皮斯特腊克著，北京翻译社译，《大策略家：赫鲁晓夫发家史》，北京：世界知识出版社，1963.4

9. 埃德加·斯诺著，王广青等译，《西行漫记》，北京：三联书店，1960.2

10. 马迪厄著，杨人缏译注，《法国大革命史》，北京：商务印书馆，1964.7

11. 威廉·L.夏伊勒著，《第三帝国的兴亡：纳粹德国史》，北京：世界知识出版社，1965.12

12. 汤因比著，曹末风译，《历史研究》，上海：上海人民出版社，1966.6

13. 亚当·沙夫著，林波等译，《人的哲学：马克思主义与存在主义》，北京：三联书店，1963.11

14. R·加罗蒂著，徐懋庸、陆达成译，《人的远景：存在主义，天主教思想，马克思主义》，北京：三联书店，1965.8

15. 哈晨·杜鲁门著，李石译，《杜鲁门回忆录》，北京：三联书店，1973.9

16. F·A·哈耶克著，滕伟藻、朱宗风译，《通向奴役之路》，北京：商务印务馆，1962.4

17. 爱伦堡著，王金陵等译，《人，岁月，生活》（1-3），北京：作家出版社，1962—1964

18. 爱伦堡著，沈江、钱成译，《解冻》，北京：作家出版社，1963

19. 索尔仁尼琴著，斯人译，《伊凡·杰尼索维奇的一天》，北京：作家出版社，1963.2

20. 让-保罗·萨特著，郑家壁译，《厌恶及其他》，上海：作家出版社，1965.4

21. 亚尔培·加缪著，孟安译，《局外人》，上海：作家出版社上海编译所，1961.12

22. 杰罗姆·大卫·塞林格著，施咸荣译，《麦田里的守望者》，北京：作家出版社，1963.9

23. 萨缪尔·贝克特著，施咸荣译，《等待戈多》，北京：中国戏剧出版社，1965.7

24. 奥斯本著，黄雨石译，《愤怒的回顾》，北京：中国戏剧出版社，1965.7

25. 杰克·克茹亚克（今译凯鲁亚克）著，石荣等译，《在路上》，北京：作家出版社，1963.9

26. 叶甫图申科等著，苏杭等译，《“娘子谷”及其他》，北京：作家出版社，1963.9

27. 瓦·阿克肖诺夫著，王平译，《带星星的火车票》，北京：作家出版社，1963.9

28. 康·西蒙诺夫著，谢素台等译，《生者与死者》，北京：作家出版社，1962.12

29. 切·格瓦拉著，《切·格瓦拉在玻利维亚的日记》，北京：三联书店，1971.12

30. 复旦大学资本主义国家经济研究所，上海直属机关“五七干校”编译组编，《尼克松其人其事》，上海：上海人民出版社，1972.2

31. 伊凡·沙米亚金著，上海新闻出版系统“五七干校”翻译组译，《多雪的冬天》，上海：上海人民出版社，1972.12

32. 弗·阿·柯切托夫著，上海人民出版社编译处译，《落角》，上海：上海人民出版社，1973.9

33. 弗·阿·柯切托夫著，上海新闻出版社系统“五七”干校翻译组译，《你到底要什么?》，上海：上海人民出版社，1972.10

34. 维·李巴托夫著，上海外语学院俄语系译《普隆恰托夫经理的故事》，上海：上海人民出版社，1973.10

35. 谢苗·巴巴耶夫斯基著，上海新闻出版系统“五七”干校翻译组译，《人世间》，上海：上海人民出版社，1972.5

36. 钦吉斯·艾特马托夫著，雷延中译，《白轮船》，上海：上海人民出版社，1973.7

37. 亨利·基辛格著，国际关系研究所编译室译，《选择的必要》，北京：商务印书馆，1972.11

据统计，1949—1979这30年，共出版“内部书籍”18301种，其中属社会科学的有9766种之多，在1976年“文化大革命”以前出版的差不多有4000种。除去大量的马列、毛泽东著作，其中属于西方理论和文学的著作，“文化大革命”前大约有1041种，“文化大革命”中则出版了近1000种。

如今，这些“内部书籍”早已淡出人们的视野。但很多当年有幸读过的人，都对那段经历留有美好的回忆，对这些打开他们人生另一扇窗口的书籍心存感激。

第三章

解冻

20世纪80年代初由于特殊的政治环境而兴起了一股“反思文学”的创作潮流，这种潮流在此后逐步泛化为80年代的一种普遍的文学精神。

面对不可知的未来，“伤痕文学”给彼时每个中国人的灵魂深处带来了一次大反省，而对从黑暗中走出的中华民族来说，却是一个追求光明的新开始。

《班主任》

——承载民间变革祈文的先声

刘心武 著 中国青年出版社 1979.6

1977年《人民文学》杂志第11期发表了刘心武的短篇小说《班主任》，这在当时引起了不小的震动。

“你愿意结识一个小流氓，并且每天同他相处吗?”这是一个别开生面、富有吸引力的开头。读下去后才发现，小说中没有惊心动魄的矛盾冲突和曲折离奇的故事情节，却足够引人深思，扣人心弦。刘心武把故事的背景安排在1977年春天，同样也寓意深长。刘心武曾当过15年的中学教师，《班主任》写于1977年夏，而素材就来源于他当教师的体验。

故事是这样的：前些日子，公安局从拘留所把小流氓宋宝琦放了出来。他是因为卷进了一次集体犯罪活动被拘留的。在审讯过程中，面对着无产阶级专政的强大威力与政策感召，他浑身冒汗，嘴唇哆嗦，作了较为彻底的坦白交代，并且揭发检举了首犯的关键罪行。因此．公安局根据他的具体情况——情节较轻而坦白揭发较好，加上还不足十六岁——将他教育释放了。他的父母感到难以再在老邻居们面前抛头露面，便通过换房的办法搬了家，恰好搬到光明中学附近。根据那几年实行的“就近入学”办法，他父母就申请将宋宝琦转入光明中学上学。他该上初三，而初三（3）班又恰好有空位子，再加上张老师有十几年的班主任工作经验，又是这个年级班主任里唯一的党员。因此，经过党支部研究，接受了宋宝琦的转学要求，并且由老曹（党支部书记）直接找到张老师，直截了当地摆出情况，问他说：“怎么样？你把宋宝琦收下吧?”

张老师思忖的目光刚同老曹那饱含期待、鼓励的目光相遇，他便答应了下来。

对于“小流氓”宋宝琦的到来，团支书谢惠敏的回应是：“我怕什么？这是阶级斗争！他敢犯狂，我们就跟他斗!”张老师对他的态度：“宋宝琦并不是什么威震菜市

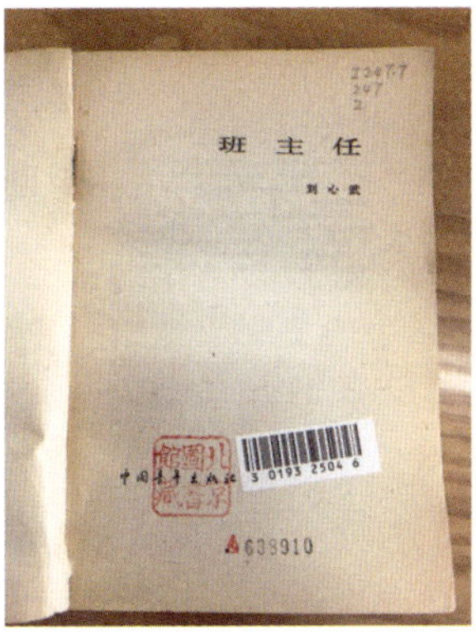

左：《班主任》扉页

—

右：《班主任》封面

口的‘英雄’，而是一个犯了错误的需要帮助的人。”——老师对于犯错学生的态度是理性的，然而同学们却总是会想着批斗他，他们习惯了阶级斗争的思维方式，好像凡是有矛盾的地方都可以引申到阶级斗争上面去。老师们是经历“文革”和非“文革”的阶段的，因此对事情可以理性地思考，可是学生们在思想教育最重要、对未来影响最大的时期却是沉浸在阶级斗争里，因此在“文革”结束之后，也难以形成较为独立的思想。

通篇来看，《班主任》就是提出问题再呼吁解决方案，但读者反映颇为强烈，尤其是在中央人民广播电台播出之后，影响就更大了。那时，《人民文学》每发行到一处，那里的读者就会来信，从当时的反映来看，褒贬不一。像冯牧、陈荒煤、严文井这些著名作家，“很快站出来支持”。但是，“反对的意见也颇强烈”。有人批评说，谢惠敏这个人物歪曲了团干部和进步青年的形象；也有人表示不满，说《班主任》是问题小说。在他们看来，只有资本主义国家才会出现问题，社会主义国家应该是一片光明；甚至有人给有关部门写信，指责小说是“解冻文学”。

这时，中国香港和台湾地区也在大力介绍《班主任》，称刘心武是中国“伤痕文学之父”。而在那个时候，这样的“海外反响”越多，“便越令一些当事人侧目”。因此，刘心武在相当长的一段时间里，“心里都不是非常踏实”。就连外国人也有同感，多年之后，有位日本朋友见到刘心武还关切地问道：“你是不是差一点被关起来了?”

这篇小说之所以能够引起轰动，主要是因为“带头讲出了‘人人心中有’，却一时说不出或说不清的真感受，也就是说，它是一篇承载民间变革祈求的文章。”中国当代文学研究会理事曾镇南说：“《班主任》不但触发了整整一代人对自己一向深信不疑的某些观念、某些思维习惯、某些精神支柱的怀疑，成为新时期文学对极左思潮进行持久、深刻、有力的批判的嚆矢，成为全民族思想解放运动的文学上的先声，而且就它对整个文学创作思想的扭转与开拓而言，其文学启蒙意义也不能低估。”

《伤痕》

——揭出病苦，引起疗救的注意

卢新华 著 文汇报 1978.8

1978年8月11日，上海《文汇报》整版刊出青年作家卢新华的短篇小说《伤痕》。这篇小说的情节并不复杂，女主角王晓华因为痛恨“叛徒”妈妈，以决裂的方式离开家庭，去边远的农村生活。

九年了。——她痛苦地回忆着。

那时，她是强抑着对自己“叛徒妈妈”的愤恨，怀着极度矛盾的心理，没有毕业就报名上山下乡的。她怎么也想象不到，革命多年的妈妈，竟会是一个从敌人的狗洞里爬出来的戴愉式的人物。而戴愉，她看过《青春之歌》，——那是一副多么丑恶的嘴脸啊！

九年时间，王晓华一直处于矛盾和痛苦纠结中。

“她想象着，妈妈现在大概已经回到了家里，也一定发现了那留在桌上的纸条：

我和你，也和这个家庭彻底决裂了，不用再找我。

晓华 一九六九年六月六日”

“她想象着，妈妈也许会哭，或许很伤心。她不由又想起了从小妈妈对自己的爱抚。可是，谁叫她当叛徒的！她忽然又感到，不应该可怜她，即使是自己的母亲。”

后来得知妈妈平反，急忙忙赶回家中时，母亲却因突发急疾而离开了人世，没有见到最后的一面。

“晓华迎上去问：‘医生，王校长在哪个病房？’一个戴眼镜的瘦瘦的医生盯着她看了一下，像想起什么似的，忽然亮着手中的纸条说：‘哦，正好，你是王校长学校来的，是吧？那好，麻烦你拍个电报告诉王校长的女儿，这是地址，告诉她，她母亲今天早上刚刚去世了，让她……’‘什么？什么？’晓华脱口惊叫了一声，瞪直了眼睛。”

这篇讲述女儿与母亲之间亲情的小说总共才7594字，却曾让许多中国人流泪。因为卢新华，因为《伤痕》，中国文学史出现了一个新名词：伤痕文学。在那之后，一系列揭露“文革”历史创伤的小说纷纷涌现，影响较大的有从维熙的《大墙下的红玉兰》，冯骥才的《铺花的歧路》《啊！》，周克芹的《许茂和他的女儿们》以及《神圣的使命》《高洁的青松》《灵魂的搏斗》《献身》《姻缘》等。

客观地说，《伤痕》的艺术成就并不高，今天读来可能会有“感情过于浓烈，叙述过于急切，揭露曝光丑恶的功利性过强，说教味浓重……”的感觉，但就是这样一篇小说，率先冲破禁区，大胆描写人性和真实，在时代最需要的时候喊出了第一声，“揭出病苦，引起疗救的注意”（鲁迅先生语）。

1978年，关于“中国向何处去”的真理标准讨论掀起了全国思想解放的浪潮，文艺领域的“伤痕文学”与政治思想领域的“改革开放”达到契合与呼应，人民的思想开始解冻了。

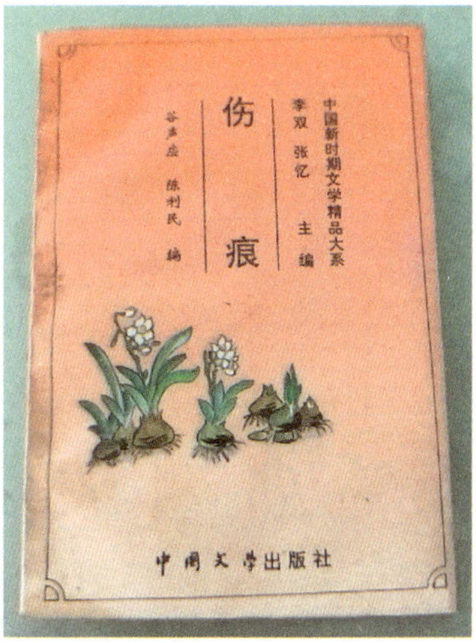

《伤痕》书影

第四章

启蒙

“伤痕文学”推动了人们对过去的思考，被禁多年的文学作品也随之开始解禁。寻常百姓难以看到的一大批中外名著，如《子夜》《悲惨世界》《巴黎圣母院》等开始重印和再版，并在全国各大城市集中推出，读者排长队抢购。在余悸未尽的年代，这是一个非同寻常的文化现象。

《随想录》

——超越苦难诉说，率先提出反思自己

巴金 著　人民文学出版社　1980.6

1978年，74岁的巴金在香港《大公报》开辟《随想录》专栏，从1978年12月1日写下第一篇《谈〈望乡〉》，到1986年8月20日写完最后一篇即第一百五十篇《怀念胡风》，历时8年，共42万字。对于巴金来说，这不仅意味着工作的艰辛，“更是一次老人对自己心灵的无情拷问，是一次伴随着内心巨大冲突而逐渐深入的痛定思痛的自我忏悔。”

巴金写《随想录》的出发点非常明确，就是要对“文化大革命”作出个人的反省，“拿起笔来，尽管我接触各种题目，议论各样事情，我的思想却始终在一个圈子里打转，那就是所谓十年浩劫的‘文革’。”巴金超越个人苦难的诉说，率先提出每个知识分子乃至每个人都应反思自己的责任。他更多地从道德的角度进行自我解剖，进而，他又把反思的范围从“文革”10年延伸到“文革”前17年。他的这一观点，表现出来的忏悔意识，立即在思想界、文化界引起强烈反响。

在《“五四”运动六十周年》里，他说：“今天还应该大反封建，今天还应当高举社会主义民主和科学的大旗前进。这是因为我们这一代人并没有完成反封建的任务，也没有完成实现民主的任务”。如果说五四时期，第一个喊出“民主”与“科学”口号的人是陈独秀，因而仅凭此一点也可令他名垂青史的话，那么，时隔大半个世纪之后，巴金第一个喊出这个口号，他也理应为此一点而名垂青史。这是因为，巴金的这一论断具有极大的思想启蒙意义，它打开了20世纪后半叶中国人思想解放的大门。

他从解剖自己、批判自己做起。他说：“那些年我口口声声‘改造自己’，究竟想把自己改造成为什么呢？我不用自己脑筋思考，只是跟着人举手放手，为了保全自

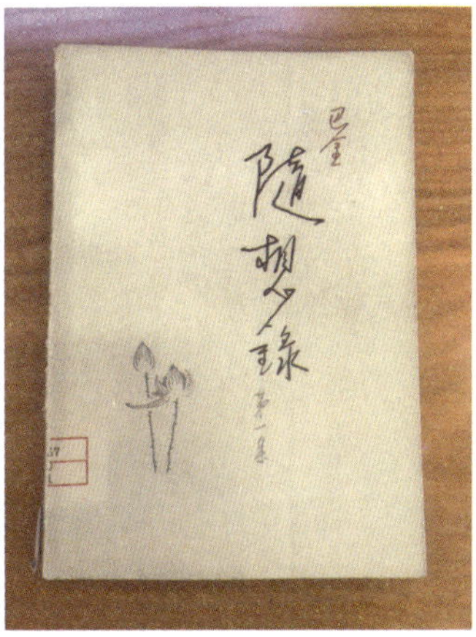

《随想录》封面

己，哪管牺牲朋友？起先打倒别人，后来打倒自己。”他以罕见的勇气“说真话”，为中国知识分子树立了一座丰碑。

在《随想录》的后记中，他说道：“‘人之将死，其言也善。’我觉得我开始在接近死亡，我愿意向读者们讲真话。”因此，说真话，就成为他最重要的一个信条。在认真剖析自己的同时，他又以同样真诚、直爽的态度说出了自己对国家、对社会一系列重大问题的看法。他说：“它们却不是四平八稳，无病呻吟，不痛不痒，人云亦云，说了等于不说的话，写了等于不写的文章”，“它们却都是自己‘想过’之后写出来的，我愿意为它们负责。”

“

与巴金的《随想录》相应起作用的，还有北岛、北岛的《今天》以及北岛、舒婷等人的《朦胧诗选》。一些流行的文艺书籍也产生过影响，如王蒙等人的《重放的鲜花》、遇罗锦的《一个冬天的童话》等。

”

《朦胧诗选》

——黑夜给了我黑色的眼睛，我却用它寻找光明

食指 等著 春风文艺出版社 1985.11

1985年11月，春风文艺出版社出版的《朦胧诗选》，收录了那一时期的代表诗作。包括食指、北岛、舒婷、顾城、芒克、多多、杨炼、江河、梁小斌、林莽、王小妮等知名朦胧诗人的共219首（组）诗。

“高尚，是高尚者的墓志铭；卑鄙，是卑鄙者的通行证。”1976年，随着北岛以坚定的口吻、悲愤的心情写下这首《回答》，也标志着朦胧诗时代拉开帷幕。

20世纪七八十年代是一个属于诗歌的时代，每个人都能说出几个诗人的名字，舒婷、北岛、顾城、食指……那时的诗歌朴素、真挚。人们传诵着：“黑夜给了我黑色的眼睛，我却用它寻找光明。”现在的读者可能未必相信，那时的纯文学刊物是畅销书，那时的报纸副刊都有诗歌版面或者栏目，那时的广播节目里播放的是诗朗诵，那时的青年人聚会表演节目可以是读一首新诗。喜爱导演陈凯歌的人可能知道，当他还是电影学院学生时，在北京的玉渊潭公园里也朗诵过诗歌。

在那个抒情的年代，写诗是一件流行、风雅而高尚的事情，不像现在，即便是《中国诗词大会》，也只能

是引导一部分人学诗、写诗的热情。那时候，有年轻人的地方就会有诗社，《诗刊》《星星》等杂志非常抢手，很多年轻人都有精美的笔记本，专门用来抄喜爱的诗歌，当时人们还流行写信，很多恋爱中的青年男女都会在信中写下一些脍炙人口的诗句。不仅仅是知识分子和学生们喜爱诗歌，厂矿、部队、医院……各行各业的劳动者都以爱诗为荣。

上述的情况并非夸大其词。“那些年轻的诗人，经过漫长的冬天后，终于在这个诗歌的春天里找到了创作激情和创作方向。”许多年之后，李泽厚还经常提起当年他第一次读到油印的《今天》杂志时内心的那份激动，因为他在诗歌里读到了久违的自我意识，读到了清晰的审美主体。李泽厚是中国理论界第一个站出来赞美朦胧诗的美学家，他一方面将西方十八、十九世纪的启蒙主义思潮著作翻译到中国来，一方面又提醒众人，中国的文化艺术思潮从朦胧诗开始，正在进入一个以反叛和个性解放为主题的创作高潮。

朦胧诗的出现使中国的新诗传统在滞缓几十年之后再次与世界接轨，它唤醒了一种现代意识，也因此使中国当代汉语诗歌逐步与西方现代主义诗歌走在了同一条起跑线上。这之后，朦胧诗悄然淡去。

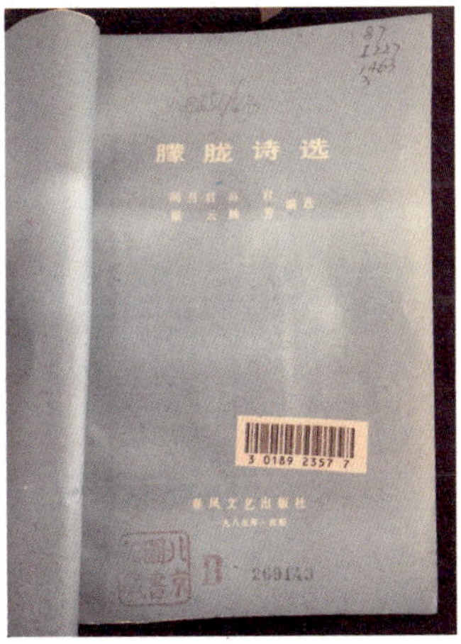

《朦胧诗选》扉页

第五章

春潮

1979年4月，三联书店《读书》杂志创刊，在这一期的杂志中，时任中宣部新闻出版局理论处处长李洪林的一篇《读书无禁区》可谓石破天惊。作为划时代的文化标志事件，相对自由的阅读时代随之而来。

《读书无禁区》

——举起了一面读书人的旗帜

《读书》编辑部 著　中国出版集团　1979.4

1979年4月，《读书》杂志正式创刊。始料未及的是，开篇的《读书无禁区》一文就引发了激烈争论。

这篇文章里说：

在“四人帮”对文化实行“全面专政”的时候，到底禁锢了多少图书，已经无法计算。但是可以从反面看出一个大概。当时有一个《开放图书目录》，出了两期，一共刊载文科书目一千多种。这就是说，除了自然科学和工程技术书籍之外，我国几千年来所积累的至少数十万种图书，能够蒙受“开放”之恩的，只有一千多种！

这篇文章提出了一个原则问题：“人民有没有读书的自由？”李洪林为读书自由理出宪法依据：“我们没有制定过限制人民读书自由的法律。相反，我们的宪法规定人民有言论出版自由，有从事文化活动的自由。读书总算是文化活动吧。”说的虽然是常识，“却是要把当时的东西翻一个个儿”。

“历史是公正的”。李洪林说：

对人和书实行“全面专政”的“四人帮”，被愤怒的中国人民埋葬了。在中国的土地上，春天又来临了。被禁锢的图书，开始见到阳光。到了1978年春夏之交，一个不寻常的现象发生了。门庭冷落的书店，一下子压倒美味食品和时式服装的店铺，成了最繁荣的市场。顾客的队伍从店内排到店外，排到交叉路口，又折入另一条街道。从《东周列国志》到《青春之歌》，从《悲惨世界》到《安娜·卡列尼娜》，几十种古今中外文学名著被解放，重新和读者见面了。那长长的队伍，就是欢迎这些精神食粮的行列。

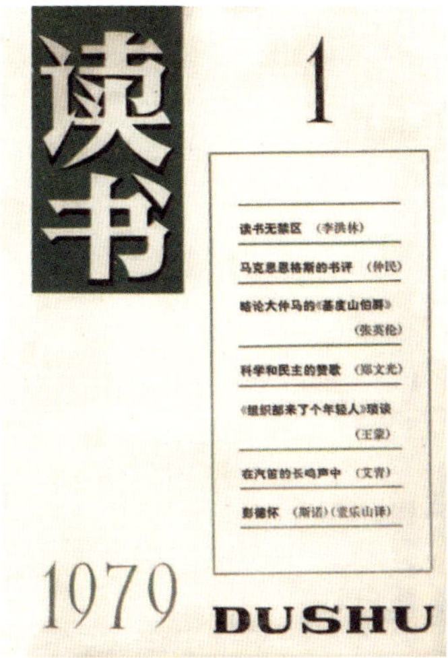

《读书》杂志刊登的《读书无禁区》

李洪林为文章取名《打破读书的禁区》，“这个题目很周严，反对给读书设置禁区，反对把禁书作为一种政策。”李洪林说。等到文章发表后，正文一字未改，但标题由范用改为了《读书无禁区》，简洁、坚定，像发刊词一样，举起了一面读书人的旗帜。

《读书》创刊号印刷5万册，几天内就发完了，随后加印的5万册也很快销光。《读书无禁区》激起无数回响。反对的言论大致分为两种：一是担忧没人把关，思想尚未成熟的未成年人会被垃圾文学污染；二是担忧是禁门大开，封资修将从此占领我们的文化舞台。类似的论辩也在党的思想中枢中宣部内进行。有同事当着李洪林的面争论，小学生能看《金瓶梅》吗？

无论如何，1979年，当时《读书》杂志针砭时弊，喊出“读书无禁区”，真可谓是石破天惊。

“

20世纪80年代，是百废待兴的时代，也是“乱花渐欲迷人眼”的时代。迪斯科、披肩发、流行歌曲、朦胧诗、裸体画、“伤痕文学”“星星画展”……一切“新感性”“新崛起”，都伴随着改革开放呼啸而来，究竟该不该穿“喇叭裤”也成了热门话题。青年们的迷茫写在脸上，对美学的好奇和热情重新燃起。

这一时期，许多人的阅读是从“美学热”起步的。朱光潜《谈美书简》，蒋孔阳《德国古典美学》，宗白华《美学散步》，王朝闻《美学概论》，都是那一时期最流行的美学读物，而其中影响尤为广泛深刻的，当属李泽厚《美的历程》。在《美的历程》中，李泽厚用简括的笔法勾勒了两千年来的美学简史，这种写法和对美学的普及效果，是后来大部头的中国美学史所不及的。

”

《美的历程》

——精神荒漠中的一线生机

李泽厚 著　文物出版社　1980.12

某种意义上，优美的80年代，是从李泽厚的一本小书开始的。1979年，李泽厚花了几个月时间，几乎一气呵成写完了《美的历程》。大概拖了一年的时间，到1980年底，文物出版社终于把这本薄薄的书出版了。可谁也没有想到，就是这样一本看上去极不起眼的小册子，会突然一纸风行，让无数青年夜不能寐。有人日后回忆，那时候很多年轻人虽然年少无知，却匪夷所思地，都爱上了美学。

这本薄薄的小册子记载着从石器时代开始的中国古典文艺史，但它又不只是历史，它同时又包含了对中华民族数千年历史的反思："美是什么？""艺术品有什么价值？""人是什么？""人于社会的价值在哪里？""在一个刚刚走上发展之路的国家谈论美和艺术有意义么？"……李泽厚也试图用自己的方式解答这些问题，而他在书的最开头就摆出了成果。

在第一章里，李泽厚谈到"有意味的形式"和"积淀"的概念。李泽厚是很早开始接触马克思主义哲学的学者，他的哲学观和美学观中都可以看出马克思对他的影响。马克思也谈美学，他的美学里有个很基础的观点就是：人类改造自然的实践活动决定了审美意识。1956年10月，还是青年学者的李泽厚崭露头角，他的《论美感、美和艺术》，提出了"美是客观性与社会性相统一"的命题，这也解释了"积淀"一词的主要含义——美之所以为美而不同于一般事物，在于"它是积淀了社会内容的自然形式"，也就是"有意味的形式"。在他看来，创作者作为生活在社会中的人，其感官不同于动物，是包含着观念、想象等社会情感的。也就是说，被我们认为美的东西，都有其社会含义在里面。

为了证明这个观点，他举了例子：新石器时代的陶器上的几何纹饰，最初并非是为了美或装饰，而是某种图腾象征，比如那些线、水纹、旋涡纹，实际是同古越族蛇图腾的崇拜有关，是有含义、有内容的，包含着原始巫术的观念和想象，只是这些内容被不断抽象成为形式，而人对于这种形式的观念和想象，在社会实践中积累为某种无法用概念清晰说明的“言外之意”，成为一种特殊的“感受”。这种感受通常可以被理解为审美感受。之后，他又举了书法的例子：作为中国特有的艺术形式，书法是由汉字一步步抽象化为“线的艺术”，虽然抽象的过程有着极大的概括性和灵活性，但对字形的选择无疑包含了某种规律，这种规律就取决于社会物质活动的发展。

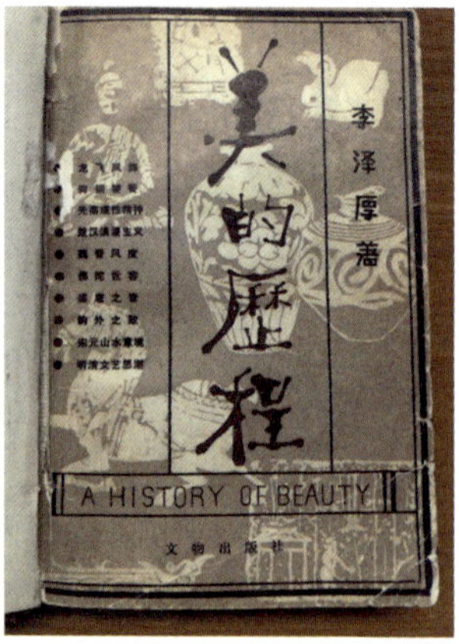

《美的历程》封面

随后，李泽厚从龙飞凤舞的远古图腾谈起，一路走过中华民族五千年的文明历程，触摸青铜器的“狞厉的美”，感受楚辞汉赋的“气势与古拙”，聆听“盛唐之音”，融入宋元山水的“无我之境”和“有我之境”，直到明清文艺的市民气息和“浪漫洪流”，他自己将这个过程形容为一次“美的巡礼”。但与其说这是一场“美的巡礼”，不如说他是从“美”的角度串联了整个中国封建社会的历史发展，以“美”为线索挖掘了中华民族的根基本源，又以“美”为倚仗，力证了华夏文明在文化动乱后、在精神荒漠中的一线生机。

20世纪80年代改革开放之初，人们过着“一种苦行僧式的生活”，而李泽厚《美的历程》“是从最高的一个层面上，以一种生动的、隽永的形式，引领了这样一个感性解放，又把它引领到思想解放和精神解放。20世纪80年代思想解放潮流是由美学热激起文化热，由感性解放激起思想解放”，李泽厚的第一个博士生赵士林说。

《美学散步》

——感受中国艺术的至美意境

宗白华 著　上海人民出版社　1981.5

从“五四”到当代，中国的美学家们多从哲学建构去探讨美学的一些基本问题，形成了“主观派”“客观派”“主客观统一派”“实践派”等不同流派。尽管他们都有自己的研究视野和关注领域，但在基本的方法上却又有某些相似之处。

在这些美学家中，宗白华的切入视角比较独特。他并不在意宏伟的哲学建设，而是以一颗素朴纯净之心融入生活、自然和艺术，在与大千世界碰撞中发出点滴感悟，然后像涟漪一样逐渐延宕开去，终于到达美的最高境界。他不像王国维那样悲观，也不像朱光潜那样同现实保持着很大距离。他的《美学散步》和朱光潜的《诗论》《悲剧心理学》、李泽厚的《美的历程》相比，虽然缺少系统完整的理论骨架，但是又显得更加灵动飘逸，在审美精神上与王国维的《人间词话》接近。

朱光潜、宗白华二人“年岁相仿，是同时代人，都学贯中西，造诣极高”。但“朱先生的文章和思维方式是推理的，宗先生却是抒情的；朱先生偏于文学，宗先生偏于艺术。朱先生更是近代的，西方的，科学的，宗先生更是古典的，中国的，艺术的。朱先生是学者，宗先生是诗人。”李泽厚这样评价。

《美学散步》所收录的文章，是从宗白华先生三十多篇美学论文中，挑选出二十二篇汇集成册出版的。阅读每一个篇章，就像是随着他自由自在的散步，我们被他指引着体悟宇宙、人生、艺术、美、心灵、节奏、旋律、飞舞、音乐，感受中国艺术的至美意境。李泽厚在序中这样写道：“宗先生再三提到的《周易》《庄子》，再三强调的中国美学以生意盎然的气韵、活力为主，‘以大观小’，而不拘之于模拟形似；宗先生不断讲的“中国人不是像浮士德‘追求’着‘无限’，乃是在一丘一壑、一花一鸟中发现了无限，所以他的态度是悠然意远而又怡然自足的。”

在“论文艺的空灵与充实”中，宗白华引导我们“美感的养成在于能空，对物象造成距离。”强调“隔”在美感上的重要，这大概就是所谓“距离美”。朦朦胧胧隐隐约约，雾里看花水中望月，确能产生独特的意境，引人遐想万千。这是空间上的“隔”。至于时间上的“隔”，宋人赵师秀有诗云“有约不来过夜半，闲敲棋子落灯花。”一幅悠闲淡然的图景，与朋友约好下棋，等到夜半朋友还没到，便独自敲着棋子，挑下灯花，却不显得惆怅，这大概也就是等待时想象的快乐吧。“时间”与“空间”上的“隔”都给艺术增添了想象的成分，而这想象又造成心灵的“空”，也成为艺术的空灵。“一个艺术品，没有欣赏者的想象力的活跃，是死的，没有生命的。”艺术家需要想象创作，艺术品也需要欣赏者的想象才能达到最大的升华。

宗白华是一位欣赏家，他经常一人，或与人结伴，从城外坐公共汽车，兴致勃勃地参观各种展览会，还总指着作品说，这多美呀！直到高龄，拿着手杖的他仍乐此不疲。他还喜爱散步，尤其喜爱漫步于啸林湖畔和文物古迹之林。他说：“散步的时候可以偶尔在路旁折到一枝鲜花，也可以在路旁拾起别人弃之不顾而自己感兴趣的燕石。无论鲜花还是燕石，不必珍视，也不必丢掉，放在桌上可以做散步后的回念。”

这就是《美学散步》的主题，也是宗白华的人生态度，他是超脱的，却不是出世的，洋洋洒洒数万言，感受到的是他对生命活力的倾慕赞美和对宇宙人生的哲理情思。

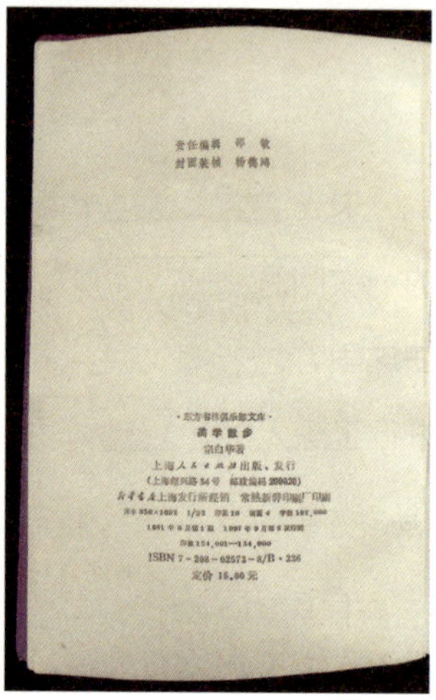
责任编辑
封面装帧
·东方书林俱乐部文库·
美学散步
宗白华著
上海人民出版社出版、发行
(上海绍兴路54号 邮政编码200020)
新华书店上海发行所经销 常熟新华印刷厂印刷
ISBN 7-208-02573-8/B·236
定价 15.00元

上：《美学散步》封面

—

下：《美学散步》版权页

《谈美书简》

——跟着大师发现美，发现美的世界

朱光潜 著　上海文艺出版社　1980.8

朱光潜以82岁高龄写就的《谈美书简》，可谓是他对其漫长美学生涯和美学思想的一次回顾和整理，也是“给来信未复的朋友们”，尤其是青年朋友们的一次回复。在这里，朱先生用了13封信，从美和美感、美的规律、美的范畴等一系列美学问题进行了深入的探讨。同时也对文学的审美特征、文学的创作规律及特点作了详尽的阐释，既是思想上的，又是方法上的，是初涉美学者学习美学知识的重要参考书籍。

朱光潜是我国现代美学的开拓者和奠基者之一，也是第一个在中国广泛介绍西方美学的人。早在30年代，他就编写出版了《悲剧心理学》《文艺心理学》《谈美》等几部美学专著。他同时也是我国现代比较美学和比较文学的拓荒者之一，他的《我与文学及其它》《诗论》等著作都是在对比中西美学思想的基础上，探讨中国诗歌的。新中国成立后，朱光潜系统接触到马克思主义。经过对自己唯心主义美学思想的批判，提出了美是主客观的辨证统一的美学观点，认为美必须以客观事物作为条件，此外加上主观的意识形态或情趣的作用使物成为物的形象，然后才是美。朱光潜说：

> 美确实要有一个客观对象，要有美人的客观存在。不过这种姿态可以由无数不同的美人表现出，这就使美的本质问题复杂化。其次，审美也确要有一个主体，美是价值，就离不开评价者和欣赏者。

朱光潜以马克思主义的美学的实践观点（即把主观视为实践的主体——人，认为客观世界和主观能对立统一于实践）不断丰富和发展自己的美学思想，形成了一个颇有影响的美学流派。他勇于批判自己，执着地求索真理：当他认识到以往在唯心主义体系下研究美学“是在迷径里使力绕圈子”时，就开始用更先进的马克思主义指导自己的研究，使自己的美学思想向真理趋进，他反对老化、僵化，提倡不断进取。为方便研究马列主义原著，他在花甲之年开始自学俄语，更在八十高龄之际写出《谈美书简》和《美学拾穗集》，以自己深湛的研究沟通了西方美学和中国传统美学，沟通了旧的唯心主义美学和马克思主义美学，沟通了“五四”以来中国现代美学和当代美学。学界亲切地称他为“美学一代宗师”和“美学老人”。

《谈美书简》封面

朱光潜的著作还有《谈文学》《克罗齐哲学述评》《西方美学史》《美学批判论文集》等；他还翻译了《歌德谈话录》、柏拉图《文艺对话集》、G.E.莱辛《拉奥孔》、G.W.F.黑格尔《美学》、B.克罗齐《美学》、G.B.维柯《新科学》等，其中对黑格尔《美学》的翻译，为他赢得了历史性的崇高声誉。

《谈美书简》并没有告诉我们什么是美学，也没有用高深莫测的学术文字向我们一一解释美的定义，更没有像教科书般按章逐节地讲授。而是用平和的语调，聊天似的语言为我们指明了一条学习美学的道路。这13篇文章虽说内容稍有繁杂，却可以让我们顺着大师的思路去进一步发现美，进而去发现一个美的世界。

《美学概论》

——解决美学的基本问题

王朝闻 主编 人民出版社 1981.6

王朝闻原名昭文，取“郁郁乎文哉”之意，后来取《论语·里仁》“朝闻道，夕死可矣”语义，更名王朝闻——早晨闻道，晚上死去都可以。可知王朝闻对真理或某种信仰追求的迫切。王朝闻著作等身，晚年仍以“夕不甘死”自勉，天天黎明即起，奋笔写作。

王朝闻生于四川省合江县，1932年入杭州国立艺专学习雕塑，这一时期创作的木刻《三等车厢》曾参加上海“春地美术研究所展览会”，受到鲁迅关注。1937年日寇入侵，他放弃未完成的学业，参加了“浙江流动剧团”，画了大量抗日宣传画、连环画和漫画。1939年在成都任艺专教员期间，创作了许多反映战地生活的连环画、速写和文学作品。1940年，王朝闻经重庆八路军办事处介绍赴延安。期间创作了毛泽东像、斯大林像、鲁迅像等许多雕塑和速写作品，又为延安中央党校大礼堂创作大型毛泽东浮雕像，1950年为《毛泽东选集》封面创作了毛泽东浮雕像，1951年为革命历史博物馆创作了圆雕《刘胡兰像》，1952年参与组织人民英雄纪念碑浮雕创作，等等，这些都成了新中国美术的代表性作品。

1961年开始，王朝闻着手组织全国美学界的学术骨干主编高校文科教材《美学概论》，内容包括了审美对象、审美意识、艺术家、美的本质问题的初步探讨、审美意识的客观标准和个性差异、社会分工与专门从事艺术生产的艺术家、创作个性的形成和发展、各艺术种类的基本特点。

王朝闻从一种哲学起点出发，按照逻辑和历史统一的原则推演出美学的系列问题和范畴概念。细查文本，全书的体系构造和逻辑行程如下：按照马克思主义思想，社

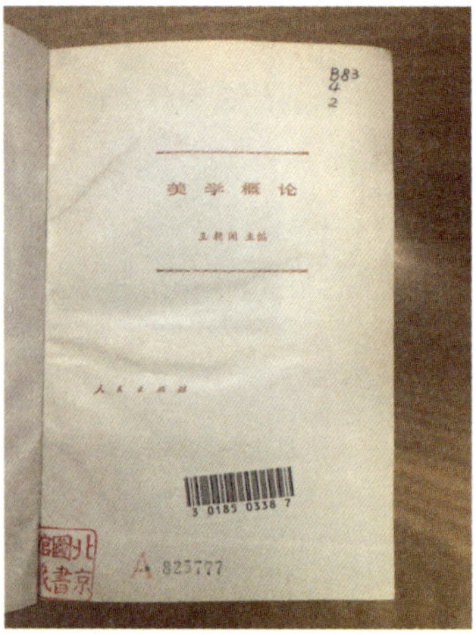

左:《美学概论》扉页

—

右:《美学概论》封面

会生活的本质是实践，社会实践可以分为生产斗争、阶级斗争和科学实验，在人与自然、先进阶级与落后阶级的斗争中，产生了美、崇高、悲剧、喜剧等审美范畴，逻辑严密，体系完整。也就是说，这本书不是介绍前人的美学思想，而是致力于解决美学的基本问题，在对美学问题的解决中提出新的观点。

《美学概论》自1981年修订出版，到如今30多年，持续畅销，无论从编写人员的组成、编写时中国美学的发展状况，还是从教学的普及和印行的数量，以及对当代中国美学思想影响的深度与广度看，该书都可以说是中国20世纪后半期美学学科历程的一个见证。

“

与美学书同时代出版并产生巨大学术影响的是钱锺书的《管锥编》，这是一部四卷本的学术总汇式的笔记大观。此外，夏志清的《中国现代小说史》也是很重要的，至少后来流行的钱锺书热、张爱玲热等等都与此书的推荐有关。说到钱锺书热，就不得不说到他的《围城》。编辑《围城》的江秉祥有一天看见一家路边理发店名叫“围城”，他走了进去，一问才知道，店主热爱《围城》，劝顾客只需看此书，别的书就不用看了。江秉祥把这事告诉钱锺书，钱便问他：“尊头剃了没有?”江答：“那店太贵，没剃。”

”

《管锥编》

——打通中西，融汇古今

钱锺书 著　中华书局　1979.8

钱锺书是中国现代作家、文学研究家，在他那个时代，有“南饶北钱”之称，即北为钱锺书，南为饶宗颐。就好像《天龙八部》中的“北乔峰、南慕容”之双雄并峙。钱锺书之博学为收敛式，如万川印月。其学术趣味，视野所及，始终以语文修辞现象为中心，大体不出词章之学的范畴，所以才有了《围城》之中那么多精妙的譬喻。比如“婚姻是座围城，城里的人想冲出去，城外的人想挤进来”。再如“这一张文凭，仿佛有亚当、夏娃下身那片树叶的功用，可以遮羞包丑；小小一方纸能把一个人的空疏、寡陋、愚笨都掩盖起来。自己没有文凭，好像精神上赤条条的，没有包裹。”

钱锺书精熟中国文化、通览世界文化。他在观察中西文化事物时，从不拒绝任何一种理论学说，也从不盲从任何一个权威。在文学研究上，其晚年所著《管锥编》，为他赢得“当代第一博学鸿儒”的美誉。

《管锥编》是钱锺书于1960至1970年写作的古文笔记体著作。“管锥”二字，出自《庄子 · 秋水》。在《韩诗外传》中有：“譬如以管窥天，以锥刺地——所窥者大，所见者小，所刺者巨，所中者少。”（就好比从管子中看天，用锥子扎大地，看的是大的东西，能看到的部分却很小，刺的是大的东西，刺中的部分却很小。）管锥编，意为钱锺书读书笔记的汇编。在《管锥编 · 序》中，钱锺书说：“瞥观疏记，识小积多。学焉未能，老之已至！遂料简其较易理董者，锥指管窥，先成一辑。”

《管锥编》论述范围由先秦迄于唐前，辑录《周易正义》27则、《毛诗正义》60则、《左传正义》67则、《史记会注考证》58则、《老子王弼注》19则、《列子张湛注》9则、《焦氏易林》31则、《楚辞洪兴祖补注》18则、《太平广记》215则、《全上古三

《管锥编》封面

代秦汉三国六朝文》277则，共计781则，近130万字。书中旁征博引，引述四千余位著作家的上万种著作中的数万条书证，对《周易》《毛诗》《左传》《史记》《太平广记》《老子》《列子》《焦氏易林》《楚辞》以及《全上古三代秦汉三国六朝文》等古代典籍进行了详尽而缜密的考证和诠释。其中以《太平广记》《全上古三代秦汉三国六朝文》二种耗力最巨，占全书近半篇幅。所论除了文学之外，还兼及几乎全部的社会科学、人文学科。

读《管锥编》，从第一卷读与从第四卷读，没什么两样，从第1页读与从第100页读也没什么区别，借用叔本华所说，即：一部《管锥编》并不像寻常“思想的系统”那样，“总得有一个结构上的关联，亦即总有一部分托住另一部分，但后者并不反过来托住前者”。以钱锺书才华——如果一定要在《管锥编》中找到一条贯穿始终的主线，也许是这样八个字：打通中西，融汇古今。严格地说这不是体系意义上的主线，而是精神力量的体现，这一精神是弥漫、渗透而非演绎、层进在书中的。所以，面对《管锥编》，读者完全可以横看成岭侧成峰，换句话说，读者没必要抱着通读《辞海》般的勇气，大家尽可随意开卷，开卷必然有益。

虽然，《管锥编》有颇多令人头疼的异体字，但稍加坚持就会发现，这一貌似拒人千里之外的语言，竟同样适用于“可读性强”这一现代判语。钱锺书良好的国学涵养，使他的文言一如他的白话，一开始就建立在精粹纯熟的基础上，而他的西方文化素养，更令这份精粹与纯熟，生出一种前所未有的逻辑力量。当我们想到逻辑本是文言的弱项，想到汉语的长处在生发诗意而非理性思辨时，对钱锺书在赋予文言新功能上所展现出的能力，便只有叹为观止了。

至于《管锥编》中出现的外语，其实多可跳过不读，作者缀上它，除了稍带展示一位“文体家”的爱好，主要还是为了体现学者的严谨。事实上所有这些外语，钱锺书都曾作了多数是完整的翻译，它们的作用在于验证所言不虚，强调事出有本，而不是如俄国小说那样，强迫俄语读者还得兼通法文。所以如果你无意检验钱锺书遴选资料的真伪，不读这些，并不损于理解书的内容。然而，如果你恰巧懂得外语，顺便对照钱锺书的翻译，往往又有一种飞来横财的感受。

举个例子。萨克雷《名利场》中描写滑铁卢大战的结尾：Darkness came down on the field and the city；and Amelia was praying for George，who was lying on his face，dead，with a bullet through his heart。钱锺书援笔译来，竟成就出一行神雕侠侣般的文字：“夜色四罩，城中之妻方祈天保夫无恙，战场上之夫仆卧，一弹穿心，死矣。”文意、文趣，无不酷肖。

《中国现代小说史》

——一潭死水中的“重磅炸弹”

夏志清 著 复旦大学出版社 2005.7

“文学史家的首要任务是发掘、品评杰作。如果他仅视文学为一个时代文化、政治的反映，他其实已放弃了对文学及其他领域的学者的义务。”夏志清在其《中国现代小说史》出版序言中的这段话正表达了他对于文学应该表现与探讨人性，而不为左右的态度。作为一位身处大洋彼岸的学者，在写这本书时，他可以将中国现代作家及作品置于世界文学史的背景中进行比较，这也是他的这部小说史的特质。文学批评家王德威说：“这本书代表了五十年代一位年轻的、专治西学的中国学者，如何因为战乱羁留海外、转而关注自己的文学传统，并思考文学、历史与国家间的关系。这本书也叙说一名浸润在西方理论——包括当时最前卫的‘大传统’‘新批评’的等理论——的批评家，如何亟思将一己所学，验证于一极不同的文脉上。”

《中国现代小说史》原为英文版，初版由美国耶鲁出版社于1961年出版，一经问世，立即成为研究中国现代文学的热门书。2005年复旦大学出版社出版了简体中文版，距英文初版已经44年。20世纪80年代，这本书传入中国大陆学界，迥异的写作理念、突破性的著作方式以及标新立异的学术观点，对于彼时一潭死水的中国大陆学界不啻为一枚“重磅炸弹”。夏志清声称以“文学价值”为“批评标准”，发掘并论证张爱玲、钱锺书、沈从文、张天翼在现代文学史上的重要地位的观点更是石破天惊。有评论称，《中国现代小说史》是中国现代小说批评的拓荒巨著，不亚于一次文学的革命。

这部小说史致力于“优美作品之发现和评审”，主要探讨了1917—1957年间中国新文学中成就最高的小说及创作历程。夏志清把中国现代小说放入历史的框架去把握和定位，并把作家的社会活动背景、人生际遇、心理脉络等与其作品结合起来分析，在让读者充分了解作品的基础上，更进一步了解到作品背后作家的面貌。他拿鲁迅《故乡》和乔伊斯的《死者》进行对照，他还认为老舍《二马》中的马氏父子可与乔伊斯《尤利西斯》中的李普·布鲁姆与史蒂芬·代达勒斯相互映照，张爱玲的作品堪与杜斯妥也夫斯基形成对比。在以前，提到著名现代作家，便是“鲁郭茅，巴老曹”，而在夏志清这本《小说史》里要重新“排排坐，分果果”，他对鲁迅的《小说新编》、茅盾的《子夜》等作品有非议，对郭沫若、巴金、曹禺、老舍也评价不高，在2005年中译本新序中，夏志清说：“……他们尊重、喜爱我的那本《小说史》，正因为我写下了我自己的评断，不像大陆原先能看到的正统文学史著作，对所有现代作家的评断差不多都是一致的。”

对这本小说史的争议和批评，夏志清在中译本序中坦言：“四五年前我生平第一次系统地读了萧红的作品，真认为我书里未把《生死场》《呼兰河传》加以评论，实在是不可饶恕的疏忽。凭我手边现有的材料，《吴组缃》这一章及第十一章讨论萧军部分，都得有所增补；我对《八月的乡村》所做的评论，也稍欠公正；在第十四章里，我对艾芜、沙汀、端木蕻良、路翎四人作了简评，主要也因为作品看得不全，只好几笔带过。我现在认为端木蕻良、路翎两人都应有专章评论才对。”因此，在书后的附录（三）中，夏志清有专文评论端木蕻良，主要笔墨放在《科尔沁旗草原》上，长达38页。他对自己著作深刻的反省与检讨，正是做学问应具备的老老实实、严肃求真的态度。他用这本心血之作，以身饲虎，给予了读者一定的启迪，使他们发现现代文学的另一种样貌。

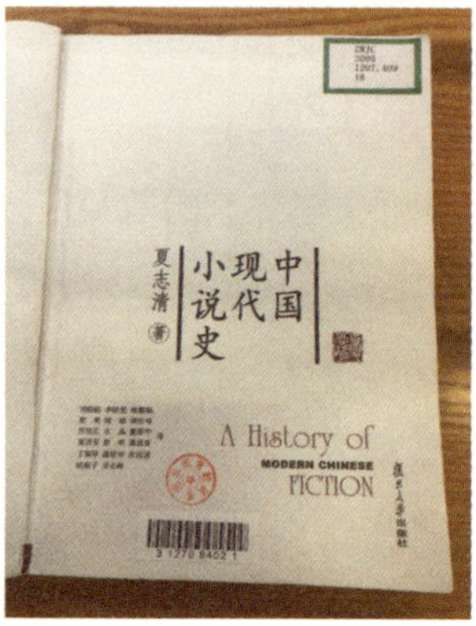

上：《中国现代小说史》封面

—

下：《中国现代小说史》扉页

“

20世纪中国文学史上，鲁迅是绕不过去的人物。20世纪80年代，对年轻人道德修养、人生修养来说，《傅雷家书》是影响极大的一本书。而《万历十五年》则是通过一个人物串起了一个大的历史面，它让我们知道了还有这样的一种历史叙述。汪国真的诗歌、琼瑶的言情小说、金庸的武侠小说也是那一时代青年的最爱。

”

《鲁迅全集》

——指明中华民族新文化的方向

鲁迅 著　作家书屋　1938.6

如果说英国文学不能没有莎士比亚，那么，中华民族则不能没有鲁迅。发轫于“五四”时期的中国新文学，无论是语言形式还是表现对象，都是中国文学史上一座新的高峰，而巅峰之上的领军人物便是鲁迅。《毛泽东选集》里这样评价鲁迅：鲁迅是中国文化革命的主将，他不但是伟大的文学家，而且是伟大的思想家和伟大的革命家。鲁迅的骨头是最硬的，他没有丝毫的奴颜和媚骨，这是殖民地半殖民地人民最宝贵的性格。鲁迅是在文化战线上，代表全民族的大多数，向着敌人冲锋陷阵的最正确、最勇敢、最坚决、最忠实、最热忱的空前的民族英雄。鲁迅的方向，就是中华民族新文化的方向。

相对时代和民族，鲁迅都是超前的，其作品中蕴藏的深厚的历史文化内涵，使我们有必要在新时代里反复研读他。《鲁迅全集》收录了鲁迅颇具代表性的作品：短篇小说集《呐喊》《彷徨》《故事新编》，散文集《野草》《朝花夕拾》以及部分杂文。《鲁迅全集》最早的版本于1938年印行，20卷本；1958年10卷本；1981年16卷本，目前一般教科书所选用的鲁迅文章均出自1981年的版本；2005年18卷本。

在鲁迅55年的人生中，有1000余万字传世。鲁迅说，他写作的目的一是“为那些为中国的改革而‘奔驰的猛士’，他们在寂寞中奋战，我有责任为他们呐喊，要给予他们哪怕是微弱的慰藉”。二是为那些“如我年轻时候似的正做着美梦的青年，正是因为他们，我‘必须在作品中’处处给予一种不退走，不悲观，不绝望的诱导，而对自己内心深处的悲凉感有所扼制（何况我对于悲凉感本身也是持有怀疑态度的）”。三是为他的敌人，“我的敌人活得太愉快了，我干嘛要让他们那么愉快呢？我要像一个黑色魔鬼那样，站在他们面前，使他们感到他们的不圆满”。

《鲁迅全集》书影

鲁迅出身于败落的封建家庭，这让他目睹了封建社会士大夫阶层，也让他看到了最底层的劳动人民、市井百姓。他与他们都有接触，他写《祥林嫂》，他写《孔乙己》，他写《阿Q》，他写《狂人日记》，他写这些的时候，他的文字是深刻的，剖析力是强大的。鲁迅说过，他能够解剖自己，实际上，我们知道，他也能够解剖别人。

鲁迅先生离开我们已经80余年，但他的作品影响了一代又一代中国人。北京、上海、绍兴、广州、厦门等地先后建立了鲁迅博物馆、纪念馆；他的小说、散文、诗歌、杂文共数10篇（首）被选入中、小学语文课本；《祝福》《阿Q正传》《药》等先后被改编成电影；作品被译成英、日、俄、西、法、德、阿拉伯等50多种文字，在世界各地拥有广大的读者。“没有伟大的人物出现的民族，是世界上最可怜的生物之群；有了伟大人物，而不知拥护、爱戴、崇拜的国家，是没有希望的奴隶之邦。”我想，在学习鲁迅，纪念鲁迅的时候，我们应该记得郁达夫说过的这句话。

秋天的后半夜，月亮下去了，太阳还没有出，只剩下一片乌蓝的天；除了夜游的东西，什么都睡着。华老栓忽然坐起身，擦着火柴，点上遍身油腻的灯盏，茶馆的两间屋子里，便弥满了青白的光。

“小栓的爹，你就去么?”是一个老女人的声音。里边的小屋子里，也发出一阵咳嗽。

“唔。”老栓一面听，一面应，一面扣上衣服；伸手过去说，“你给我罢。”

华大妈在枕头底下掏了半天，掏出一包洋钱，交给老栓，老栓接了，抖抖的装入衣袋，又在外面按了两下，便点上灯笼，吹熄灯盏，走向里屋子去了。那屋子里面，接着便是一通咳嗽。老栓候他平静下去，才低低地叫道，“小栓……你不要起来。……店么？你娘会安排的。”

老栓听得儿子不再说话，料他安心睡了；便出了门，走到街上。街上黑沉沉的一无所有，只有一条灰白的路，看得分明。灯光照着他的两脚，一前一后地走。有时也遇到几只狗，可是一只也没有叫。天气比屋子里冷多了；老栓倒觉爽快，仿佛一旦变了少年，得了神通，有给人生命的本领似的，跨步格外高远。而且路也愈走愈分明，天也愈走愈亮了。

——《药》

《傅雷家书》

——万金家书，为万千心灵春风化雨

傅雷 著 联合文学出版社 1977.9

作为一个翻译家，别人说“没有他，就没有巴尔扎克在中国”，他译介的罗曼·罗兰《约翰·克利斯朵夫》深深影响了几代中国人；作为音乐鉴赏家，他写下了对贝多芬、莫扎特和肖邦的赏析；作为文学评论家，他对张爱玲小说的精湛点评，为学界做出了文本批评深入浅出的典范；他写给长子傅聪的书信《傅雷家书》自上世纪70年代出版至今，已经感动了数百万读者。他，就是傅雷。

《傅雷家书》开始于1954年傅聪离家留学波兰，终结至1966年傅雷夫妇离世。十二年通信数百封，贯穿着傅聪出国学习、演奏成名到结婚生子的成长经历，也映照着傅雷的翻译工作、朋友交往以及傅雷一家的命运起伏。

傅雷对人、对事、对生活一丝不苟，对待自己的孩子，更是严苛。傅聪、傅敏小的时候，他很少和他们嬉戏，也不喜欢他们淘气的行为。两兄弟在父亲面前，总是小心翼翼，不敢任性。家中规定，孩子怎么说话，怎么行动，吃什么做什么，都不能有所逾越。同桌进餐，必须坐得端正，手肘靠在桌边，不许妨碍别人，咀嚼饭菜，绝不许发出有失礼貌的声响。傅雷性情火爆，两兄弟经常挨打。有一次傅雷训斥傅聪，竟顺手拿起装蚊香的碟子甩过去，正好砸在傅聪鼻梁上。

某种程度上，傅聪继承了父亲刚烈的个性。1953年一次参赛，他独奏获得三等奖，竟气得把铜牌摔在地上。两年后，“第五届肖邦国际钢琴比赛”，傅聪荣获唯一的“玛祖卡”最佳奖，从此名震乐坛。赛后，傅聪前往波兰留学，傅雷对他叮嘱道：“第一做人，第二做艺术家，第三做音乐家，最后才是钢琴家。”

此后，父子间书信往来不断，也就有了传世的《傅雷家书》。

《傅雷家书》封面

在书中，父亲对儿子谈人生：

我认为一个人只要真诚，总能打动人的。即使人家一时不了解，日后仍会了解的。

我一生做事，总是第一坦白，第二坦白，第三还是坦白。

1954年10月2日，他这样写信给他的儿子：

聪，亲爱的孩子。收到9月22日晚发的第六信，很高兴。我们并没为你前信感到什么烦恼或是不安。我在第八封信中还对你预告，这种精神消沉的情形，以后还是会有的。我是过来人，决不至于大惊小怪。你也不必为此担心，更不必硬压在肚里不告诉我们。心中的苦闷不在家信中发泄，又哪里去发泄呢？孩子不向父母诉苦向谁诉呢？我们不来安慰你，又该谁来安慰你呢？人一辈子都在高潮——低潮中浮沉，惟有庸碌的人，生活才如死水一般；或者要有极高的修养，方能廓然无累，真正的解脱。只要高潮不过分使你紧张，低潮不过分使你颓废，就好了。太阳太强烈，会把五谷晒焦；雨水太猛，也会淹死庄稼。我们只求心理相当平衡，不至于受伤而已。你也不是栽了筋斗爬不起来的人。我预料国外这几年，对你整个的人也有很大的帮助。这次来信所说的痛苦，我都理会得；我很同情，我愿意尽量安慰你、鼓励你。克利斯朵夫不是经过多少回这种情形吗？他不是一切艺术家的缩影与结晶吗？慢慢地你会养成另外一种心情对付过去的事：就是能够想到而不再惊心动魄，能够从客观的立场分析前因后果，做将来的借鉴，以免重蹈覆辙。一个人惟有敢于正视现实，正视错误，用理智分析，彻底感悟，才不至于被回忆侵蚀。我相信你逐渐会学会这一套，越来越坚强的。我以前在信中和你提过感情的ruin（创伤，覆灭），就是要你把这些事当作心灵的灰烬看，看的时候当然不免感触万端，但不要刻骨铭心地伤害自己，而要像对着古战场一般的存着凭吊的心怀。倘若你认为这些话是对的，对你有些启发作用，那么将来在遇到因回忆而痛苦的时候（那一定免不了会再来的），拿出这封信来重读几遍。

陈丹青曾感慨道：“我希望今天还能有这样通过家书教育孩子的父亲，还能给孩子这样写信。问题是就算他能写信，有没有这么好的见解、这么好的文笔?”

《傅雷家书》不在教训，而在熏陶。傅雷用丰厚的文化底蕴，涵养出了一个艺术家的傅聪。“一个人消灭了，茫茫宇宙照样进行，个人算得什么呢?”傅雷曾对傅聪发出如此喟叹。可他也曾在家书中告诉儿子：“赤子孤独了，会创造一个世界。”

1966年9月3日，傅雷遭到红卫兵抄家，受到连续四天三夜批斗，罚跪、戴高帽，不堪凌辱的傅雷离开了这个世界。离开时，他便带走了这一个时代的优雅，也留下了一个世界的明媚：有克里斯多夫的传奇，激励沉沦的众生；还有万金家书，为万千心灵春风化雨。

《万历十五年》

——“历史分析”文学化的典范

黄仁宇 著 中华书局 1982.5

黄仁宇似乎注定了是一个充满传奇色彩的人，他参过军、留过学、当老师、做学问，一本《万历十五年》，让他被誉为最会讲历史的作家。

与研究明朝的其他著作相比，《万历十五年》避开了繁冗的史料钩沉，从万历十五年几位重要人物的生活入手：万历皇帝，大学士张居正和申时行，南京督察院都御史海瑞，蓟州总兵官戚继光，以及前云南姚安知府李贽。用黄仁宇的话来说，他们或是身败，或是名裂，没有一个能够功德圆满。从他们身上可以看出，那些隐藏在历史深处的症结已经开始慢慢积累，直至不可逆转。

黄仁宇认为：明朝失去了国家管理的关键是技术。同时，这个政权在中后期过度重视道德而轻慢法制。黄仁宇采用了一种新颖的写法，让任何人都可以几乎无障碍地去接触正史，在他的笔下，历史不再是枯燥无味的归总和罗列。这种被黄仁宇本人称为“大历史观”的写作方法，把历史剖开一个横截面，把当时的一位皇帝和五位大臣，以一种群像式的叙事手法缓缓展开，从中折射出16世纪中国社会的完整面貌。

在书的末段，黄仁宇写道：

当一个人口众多的国家，各人行动全凭儒家简单粗浅而又无法固定的原则所限制，而法律又缺乏创造性，则其社会发展的程度，必然受到限制。即便是宗旨善良，也不能补助技术之不及。1587年，是为万历十五年，丁亥次岁，表面上似乎是四海升平，无事可记，实际上我们的大明帝国却已经走到了它发展的尽头。在这个时候，皇帝的励精图治或者宴安耽乐，首辅的独裁或者调和，高级将领的富于创造或者习于苟安，文官的廉洁奉公或者贪污舞弊，思想家的极端进步或者绝对保守，最后的结果，都是无分善恶，统统不能在事业上取得有意义的发展，有的身败，有的名裂，还有的人则身败而兼名裂。

《万历十五年》书封

伴随这本畅销书而来的是争议，最大的争议是黄仁宇对“历史分析”的文学化。但无论如何，至少有一点是不可否认的，那就是“他以叙事史学的手法，在学院的历史书写主流之外，为我们铺陈了一条探究历史的可能道路，而这也是当前中文历史书写里最为欠缺的。”

近四十年过去了，《万历十五年》仍畅销不绝，分析这个现象，不是一句“写法新奇”或者是“历史分析”的文学化可以打发掉的。黄仁宇的老师余英时评价说：黄仁宇的博士论文是在我的指导下写成的，他比我年长，后来是朋友关系，我不便写他。但是我要指出，他中年才读大学，发愤治中国史，用功之勤极为少见；晚年写了不少通论性的书，表现出他的史识，成一家之言。他可以说是史学界的一位“奇侠”式的学者。

金庸大侠

——“飞雪连天射白鹿，笑书神侠倚碧鸳”

金庸小说最早在中国内地成书是在1984年11月，科学普及出版社广州分社出版的《书剑恩仇录》，当然这是一本没有经过作者授权的“盗版书”。紧接着，在1984年到1985年这两年，内地数十家出版社出版了金庸的武侠小说，其同一作品出现了多个不同版本。在出版资源并不丰富的80年代，同一作品反复出版，这样的现象是极为罕见的。

其实，在20世纪80年代初，金庸的作品在内地是“禁书”。直到邓小平接见金庸，他的小说才在内地“解禁”，并很快成为畅销书。那是在1981年，作为《明报》社长的金庸访问北京，他早就仰慕勇于开风气之先的邓小平，就问有无可能和邓公见一面。恰好，邓小平是金庸的拥趸，早就托人从境外买回过全套金庸武侠小说，每天睡前都读几页。会面时，邓小平握住金庸的手说，“欢迎查先生回来走走！你的小说我读过，我们已经是老朋友了。”当天晚上，中央电视台在新闻节目中播发了邓小平会见金庸的消息。从此，再也不用偷偷摸摸地读武侠小说了。

但是，内地当时还都没有什么版权意识，中国也不是国际版权保护公约成员，给金庸支付稿费的出版社极少。据他自己说，1994年以前内地经过他授权的只有百花文艺出版社版的《书剑恩仇录》。这种局面一直持续到了1994年生活·读书·新知三联书店15本金庸全套作品的出版，从此，“飞雪连天射白鹿，笑书神侠倚碧鸳”，外加中篇《越女剑》，在内地合法地登场。这套总共36册的金庸作品集一经上市，便迅速占据了内地巨大的销售市场，此后每年都维持着稳定的销量。

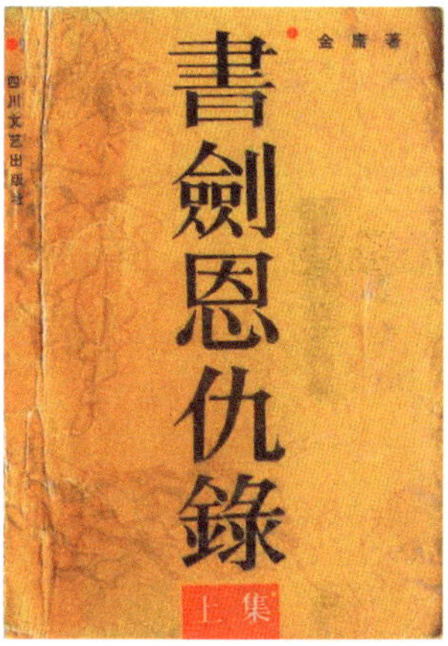

《书剑恩仇录》扉页

金庸在图书市场的成功，对其他领域产生了强大的“溢出效应”，“83版射雕”是当之无愧的荧屏经典，《金庸群侠传》《笑傲江湖》《天龙八部》也迅速成为网络游戏新宠。在学术领域，金庸的作品研究被冠以了“金学”加以研究，严家炎、陈平原、冯其庸……一大批学者对他的小说进行了深刻的文本分析。金庸成了一个时代的标志，这就是始于80年代的“通俗文化热”。

琼瑶式爱情

——屹立言情小说潮头几十年

在内地颇具名气的港台言情小说家不下十几位，如上世纪80年代风行的琼瑶、亦舒、严沁、依达、岑凯伦，90年代的沈亚、于晴、席娟等。这些作家大都以“爱情”为自己小说的主题，但论及谁能屹立言情小说几十年，答案无疑是琼瑶。对于大陆来说，琼瑶代表了台湾文学对“爱情”这一命题的观念。

1982年，《海峡》杂志连载了长篇小说《我是一片云》，琼瑶的作品自此正式传入大陆，并风行一时，每部单行本的发行量均以10万计，改编而成的影视剧更是声势浩大。

《窗外》封面

《窗外》写作于1963年，1986年被引进到大陆。这部小说发行了多少册，已经无法统计，20世纪70年代出生的女性中，没看过琼瑶的，可以说寥寥无几。而琼瑶式云里雾里死去活来的爱情，也一度被贬为无知幼稚的代名词。李敖痛斥琼瑶是将头埋在沙堆里的鸵鸟，被不食人间烟火的男女之情所困却看不到社会的险恶与复杂，有人甚至称琼瑶小说为毒害青少年的“鸦片”。大概是在中华读书报上吧，记者采访的三位“琼瑶读者”，如今都已到中年，一个说“看琼瑶看得死去活来”，一个说“梦中情人都是费云帆”，还有一个至今仍在寻找那种“接吻如过电”的极限体验。尽管如此，琼瑶小说吸引无数少男少女沉迷其中，找寻自己心中的爱情，也许这就是她最大的成功吧。

”

第六章

放眼看世界

“走向世界”丛书，是20世纪80年代的一个标志。这套丛书介绍19世纪甚至更早，中国人走出国门的所见、所思，记录了不同文化的碰撞，也给了当时刚刚打开国门、开始改革开放的中国一个崭新的视角和历史的借鉴。

在这个章节里，我们还要提到李泽厚。不论是他的美学书籍，还是“思想史三论”——《中国古代思想史论》《中国近代思想史论》《中国现代思想史论》，李泽厚都领导着20世纪80年代的思想界。但李泽厚并不是那个时代唯一的哲学偶像，萨特、海德格尔、尼采、弗洛伊德、叔本华……一个个西方哲学史上振聋发聩的名字让当时的中国青年热血沸腾，掀起了一浪又一浪的哲学思潮。人们以读尼采、萨特为荣，20世纪80年代成为西方哲学涌入中国并对中国社会产生重大影响的时代。

“正当我们没发现几个亲人的时候，萨特说‘他人即地狱’；正当我们怀疑自己究竟是不是‘一块砖’的时候，萨特来告诉你，‘你不是什么别的东西，你就是你自己’。”北京大学中文系教授陈晓明说。萨特是20世纪80年代青年人的“精神初恋”。很多研究萨特的专家学者认为，萨特强调的“自我选择”“怀疑精神”是他风靡20世纪80年代的主要原因。

“走向世界”丛书

——最富有思想性、科学性和创造性

钟叔河 主编　岳麓书社　1985.9

20世纪80年代出版的“走向世界”丛书共38种，它们记录了19世纪中国人开始走向世界的早期的脚印，兼具文史趣味和学术价值。从林则徐的“睁眼看世界”，到魏源的“师夷长技以制夷”，到容闳的“西学东渐”，到洋务派的“中体西用”，到维新派的“维新变法”……让我们看看这些名字：张德彝、黄遵宪、张謇、康有为、张荫桓、伍廷芳、盛宣怀、罗振玉、张元济……他们都是“走向世界”丛书的作者，他们不但是百年前的寻梦人，更是复兴梦的先驱者——他们生于一个神州陆沉、山河破碎的年代，作为清末为数不多的与世界有过接触和交流的知识分子，他们或多或少地认识到中华民族已经到了一个危如累卵、大厦将倾的时刻，为了国家的强盛、民族的复兴，他们立足于自身职责，为民族的自强和救亡奔走呼号、建言献策。

借助或出使或考察或游历西方各国的机缘，他们开始走向世界，他们将见到的西方世界、近邻日本在政治、经济、文化、教育、军事、科技等方面有价值的内容以日记、笔记、考察报告等形式介绍给国人，希望能“师夷长技以制夷”，希望能为中国的繁荣复兴提供有意义的借鉴。

主编钟叔河也正是看到了这些作品的价值，用了大量的心血编辑这套丛书。丛书出版后，李一氓评价说：“这确实是我近年来所见到的整理古文献中最富有思想性、科学性和创造性的一套丛书。”萧乾先生也说：“如果要我就新时期以来文史方面推举五种——甚至三种杰出的、里程碑式的著作，我都会把湖南岳麓书社在20世纪80年代初期所出的‘走向世界丛书’列进去。除了它自身的巨大学术价值，这套书还及时地配合了当前正在进行的改革开放事业。”

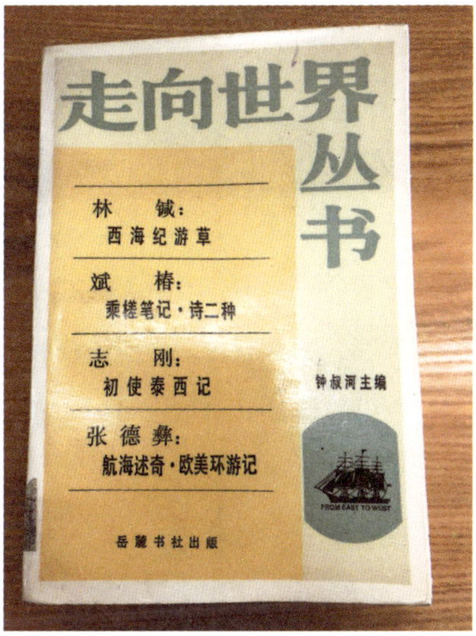
走向世界丛书
林 鍼：
西海纪游草
斌 椿：
乘槎笔记·诗二种
志 刚：
初使泰西记
张德彝：
航海述奇·欧美环游记
钟叔河主编
岳麓书社出版

《走向世界丛书》书封

《中国古代思想史论》

——中国思想文化的“脊髓”

李泽厚 著　人民出版社　1986.3

《中国古代思想史论》是李泽厚三部思想史论中的一部，全书300余页、不足24万字。

从剖析孔子仁学开始，《中国古代思想史论》论述了孔孟、墨子、孙老韩、荀易庸、董黄、庄禅、理学、经世以及总结中国智慧共九个专题，分析了自先秦至明清的各种主要思潮、派别和人物。他试图厘清中国传统思想文化的脉络，他说，“我所注意的课题，是想通过对中国古代思想的粗线条的宏观鸟瞰，来探讨一下中国民族的文化心理结构问题。”他认为中国文化之所以能够传承下来，跟这个充满包容性和相对稳定的“文化心理结构”是密不可分的，彻底认清它对于中国文化的发展仍然具有重大的现实意义。

“儒家的确在中国文化心理结构的形成上起了主要的作用”，因此李泽厚把《孔子再评价》放在第一章，并着重探讨了“儒学”的内在“文化心理结构”，即“仁”有四个层面：血缘基础、心理基础、人道主义、个体人格，这四个因素相互制约，构成有机整体，其精神特征是“实用理性”。李泽厚认为，儒学之所以成为中国传统思想主干的重要原因，是儒学具有包容的性质，能不断吸取融合各家，在现实秩序和心灵生活中构成稳定系统。在以儒家为代表的中国传统思想中，贯穿始终的是“实用理性”和“乐感文化”。“乐感文化”相对于西方的“罪感文化”而言，李泽厚引用康德的话说“中国人很少真正彻底的悲观主义，他们总愿意乐观地眺望未来”。“实用理性”和“乐感文化”，使得中国传统精神注重行动而富于历史意识，无宗教信仰却有治平理想，有清醒理智又充满人际热情，这也就是中国智慧，是中国思想文化的“脊髓”。

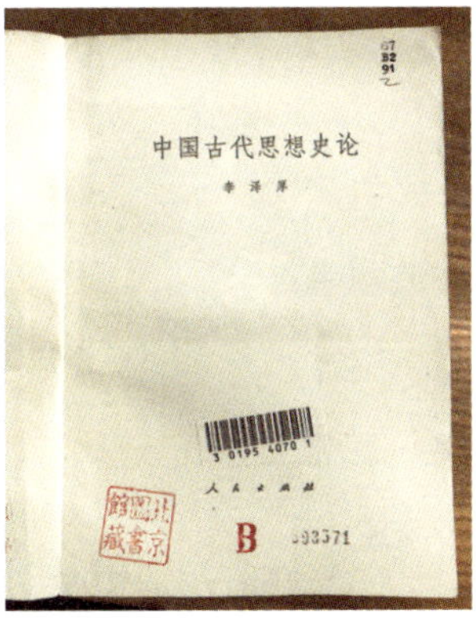

上：《中国古代思想史论》封面

下：《中国古代思想史论》扉页

李泽厚认为，中国实用理性的文化心理结构“使中国民族获得和承续着一种倾向冷静而又温情脉脉的中庸心理：不狂暴，不玄想，贵领悟，轻逻辑，重经验，好历史，以服务于现实生活保持现有的有机系统的和谐稳定为目标，珍视人际，讲求关系，反对冒险，轻视创新……”这些缺陷和问题，使中国思想正面临着严重的挑战。他在《后记》中写道：“我记得每次走进图书馆的书库时，几乎总有一种异样的感觉：望洋兴叹，惘然若失。再博览，书总是读不尽的；既然已经有了这么多书，我何必再来添一本？或者就是为了皓首穷经来写书么？我应该写什么样的书呢？”“对于创造性思维来说，见林比见树更重要。我只希望我这种尽管粗疏却打算‘见林’的书，能对具有创造情怀的年青一代有所启发或助益……希望下一代他们将破旧立新，大展宏图，全面创造。”

《中国近代思想史论》对康有为、谭嗣同的研究，是李泽厚分析近现代思想的核心所在，他后来提出的启蒙与救亡，其实就隐含其中。在李泽厚看来，康有为代表着中国理性改良的道路，而谭嗣同则代表了激进革命的道路。这样的研究思路，一直延伸到《中国现代思想史论》中对改良与革命的二次探讨。如果说《中国古代思想史论》是李泽厚尝试用实用理性来解释中国传统的话，那么近、现代思想史论，则是他构建其政治哲学的重要论著。

《存在与虚无》

——人愿意自己是什么，他就能成为什么　　萨特 著　生活 · 读书 · 新知三联书店　1987.3

1981年的一天，吉林大学历史系学生雷颐听同学说，学校图书馆新到了法国哲学家萨特的著作《存在主义是一种人道主义》。他当即决定，马上把书借到手，下节课不上了，坐在图书馆抄书。之所以决定要旷课，是因为，他后面立刻又排了一圈同学，都在等着看这书。“因为书太少”，雷颐回忆说，他有时一抄就是半本。

当中国人终于走出“文革”的冰天雪地，开始欢呼“解冻”、抚平“伤痕”时，填补了中国人的精神虚无主义的萨特几乎成为个体精神解放的一种象征，“存在主义”成为年轻人推崇的思想时尚，他对“人”是“存在先于本质”的阐发，把人的个性张扬到极致，引起了曾经个性完全泯灭的那一代青年深深的共鸣。在80年代青年的心路历程中，萨特抹下了浓墨重彩的一笔。

萨特是当代法国存在主义哲学家、20世纪世界思想发展史上一个里程碑式的人物。他的存在主义名言“他人即地狱”，是其独幕剧《禁闭》中的一句台词，该剧后来被奉为西方现代戏剧的经典之作。剧本场景设计在“地狱”之中（此“地狱”不过是个平常人家的房间），三个亡灵互相隐瞒，互相戒备，互相封闭，互相折磨，每个人既是“刽子手”，又是受害者；既成为别人的障碍，又使自己坠入深渊。萨特说，他人的存在是自己存在的参照，这种参照使人备受折磨，因此他人就是地狱。

对于“他人即地狱”，不同的人有许多不同的理解。萨特本人说：“这句话常常被人误解。有人以为我的本意是说，我们与他人的关系总是毒化了的，总是地狱般的关系。我是说，要是一个人和他人的关系恶化了，那么，他人就是地狱。世界上的确有相当多的一部分人生活在地狱里，因为他本人太依赖别人的判断了。但这并不

《存在与虚无》封面

是说，和别人就不可能存在另一种关系。”数十年中，萨特完成了卷帙浩繁的哲学著作、政治评论和文学作品的创作。其代表作有《存在与虚无》《恶心》《苍蝇年》《自由之路》等。1987年春天，三联推出了《存在与虚无》，20万册以上的销售量，在当时不能不说是一个奇迹。

在这本书中，萨特运用自己独立的思想观点和哲学词语述说对世界的理解：人即自为的存在，具有超越的特性，他永远处在变化中，而且是在时间的流逝中实现的。正是由于它具有时间性，“自为的存在”就不像“自在的存在”那样是一种“是其所是”的存在，而是一种总是显示为“不是其所是和是其所不是”面貌的存在，人是什么只是指他过去是什么，将来并未存在，现在是一个联系着过去和将来的否定，实际上是一个虚无。因此，人注定是自由的，自由是人的宿命，人必须自由地为自己做出一系列选择，正是在自由选择的过程中，人赋予对象以意义，但人必须对自己的所有选择承担全部责任。

萨特说，人的一生就是一连串的选择，无论我们的存在是什么，都是一种选择，甚至不选择也是一种选择，即你选择了不选择。自由就是选择的自由，这种自由的选择是无条件的，不需要什么根据和标准。因此人愿意自己是什么，他就能成为什么，“懦夫是自己变成的懦夫，英雄是自己变成的英雄。”

让我们通过下面的句子来进一步了解存在吧：

孤独是人类属性中一个必不可少的特征，它是被一种存在于人们“找到生命意义的需要”和“对人世本质的虚无的觉察”之间的矛盾所激发的。

人是注定要受自由之苦的。因为他并没有创造自己，但却是自由的。因为一旦被扔进这个世界里来，他就必须为他所做的每一件事负责。

生活给了我想要的东西，同时又让我明白这一切没什么意思。即使得到了自己的最爱，也依然会感到空虚。

《梦的解析》

——一把火炬照亮了人类心理生活的深穴

弗洛伊德 著 赖其万 符传孝 译 作家出版社 1986.8

几乎是在雷颐抄书的同时，北京大学哲学系的研究生朱正琳，也已经听说了弗洛伊德。他的老师张世英，早年间曾在西南联大专攻黑格尔，对弗洛伊德并不陌生。很快，“恋母情结”“潜意识”等弗洛伊德学说中的名词，成为朱正琳和同学们挂在嘴边上的常用语。

20世纪80年代的“西学热”，正是从萨特和弗洛伊德开始的。那时候，中国正处在一个百废待兴的时代，也是一个从封闭开始走向开放的时代。“当时人们要对导致产生“文革”的体制进行批判，追求思想解放。思想解放需要寻找一种思想的资源。而那一代年轻人，严格来说，又没有受过多少正规的教育，他们的学养是不够的。所以当时是以一种如饥似渴的状态去读书。也可以说，那时看到什么就抓来什么，抓来的东西或许就是杂乱的。这时候就发现，书店里开始出现了一些‘内部资料’，常常是在书店的里间卖，那些都是从东欧和苏联传进来的一些介绍‘西方马克思主义’和对僵化的制度进行批判的‘异端’思想著作，比如南斯拉夫的卡德尔、波兰的沙夫的书。”如今早已是中国社科院研究员的雷颐，这样评价当时的年轻知识分子对来自域外的思想著作的狂热需求。

实际上，在1984年之前，中国内地还没有弗洛伊德的正式译著出版，而饥不择食的人们，看到的多是中国台湾出的中译本的影印本。《梦的解析》是弗洛伊德最著名的作品，也是人类影响最大的心理学经典，它奠定了精神分析学派的理论基础及研究方法。

《梦的解析》第一次告诉曾经无知和充满疑惑的人们：梦是一个人与自己内心的

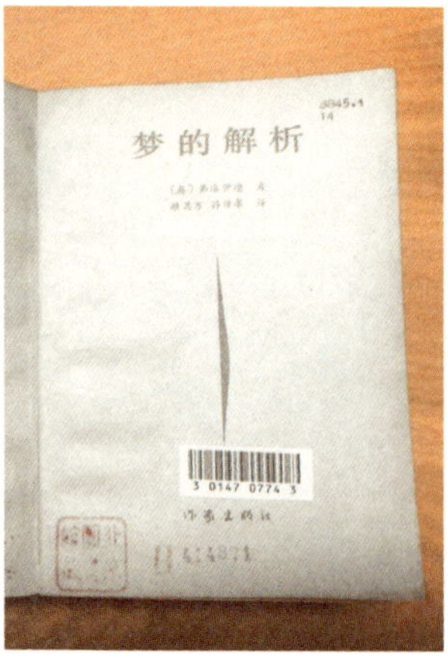

左：《梦的解析》书封

—

右：《梦的解析》扉页

真实对话，是自己向自己学习的过程，是另外一次与自己息息相关的人生。弗洛伊德在此首次讨论了后来发展的恋母情结理论，也就是俄狄浦斯情结，并声称他发现了三大真理：梦是无意识欲望和儿时欲望的伪装的满足；俄狄浦斯情结是人类普通的心理情绪；儿童是有性爱意识和动机的。

《梦的解析》像一把火炬照亮了人类心理生活的深穴，揭示了许多埋藏于人类心理深层的奥秘，为人类潜意识学说奠定了稳固的基础，树立了人类认识自身的新里程碑，引导了整个20世纪的人类文明。弗洛伊德通过对梦的科学探索和解析，发掘了人性的另一面——“潜意识”，揭开了人类心灵的奥秘。因此，它与达尔文的《物种起源》、哥白尼的《天体运行论》并称为导致人类三大思想革命的经典之作。

笔者的老师彭凯平教授说，心理学著作中，被引用最多的是弗洛伊德，第二多的就是彭老师的了，这话我一直记得。彭凯平教授一直在倡导和推动积极心理学运动，他的《吾心可鉴：澎湃的福流》更是让我觉得，在有些什么地方，他的思想与弗洛伊德的遥遥呼应。

《悲剧的诞生》

——带给80年代人生的精神浪漫

尼采 著 周国平 译 生活·读书·新知三联书店 1986.12

20世纪80年代中期，曾有一本轰动一时的著作，名叫《尼采：在世纪的转折点上》（1986），作者是那时已人到中年的学者周国平。该书一再重印，并被列在大学生最喜爱的书籍之榜首，尼采也成为了80年代国内人气很高、影响很大的哲学史家。

尼采是西方现代哲学的开创者，同时也是卓越的诗人和散文家。他最早开始批判西方现代社会，然而，他的学说在他的时代却没有引起人们的重视，直到20世纪才激起深远的调门各异的回声。雅斯贝尔斯、萨特、海德格尔、杰克·伦敦、福柯和德里达、弗洛伊德等等都是深受尼采思想影响的哲学家，而直接受他影响的文学家同样数不胜数：茨威格、托马斯·曼、肖伯纳、黑塞、里尔克、纪德、鲁迅等。

有人说，中国最早从思想上真正接受尼采哲学影响的人是鲁迅，中国第一个从思想上真正对尼采哲学进行批判的也是鲁迅。其弟周作人回忆，鲁迅早年一到日本，就遇到了尼采热，据说那时他的案头常放着一本《查拉斯图拉如是说》。五四新文化运动乍起时，鲁迅常引用尼采的话，《野草》不少构思就来自《查拉斯图拉如是说》。有人认为鲁迅的思想主要是“尼释学说”，即尼采和释迦牟尼的合一；也有人更赞同“托尼”之说，这源自刘半农送鲁迅的对联“托尼学说，魏晋文章”，即论鲁迅兼托尔斯泰及尼采于一身，鲁迅也没有反对。

《悲剧的诞生》是尼采最重要的作品之一，20世纪80年代，大多数年轻人读的是周国平翻译的译本，译文品质不俗，流传亦甚广，可谓影响巨大，对于20世纪80年代的“美学热”和“文化热”起到了推波助澜的作用。尼采写《悲剧的诞生》的主要目的是为了解决或试图解答两个问题，即悲剧的起源与悲剧让观众得到久久难以释怀的快感的原因。

全书围绕日神和酒神的激烈斗争而展开，认为古希腊艺术产生于日神冲动和酒神冲突。日神阿波罗是光明之神，在其光辉中，万物显示出美的外观，而酒神则象征情欲的放纵，是一种痛苦与狂欢交织着的癫狂状态。日神产生了造型艺术，如诗歌和雕塑。酒神冲动产生了音乐艺术。人生处于痛苦与悲惨的状态中，日神艺术将这种状态遮蔽，使其呈现出美的外观，使人能活得下去，希腊神话就是这样产生的。酒神冲动则把人生悲惨的现实真实地揭示出来，揭示出日神艺术的根基，使个体在痛苦与消亡中回归世界的本体。尼采认为，悲剧产生于二者的结合。尼采更强调悲剧世界观，认为只有在酒神状态中，人们才能认识到个体生命的欲火和整体生命的坚不可摧，由此才产生出一种快感，一种形而上的慰藉。尼采通过《悲剧的诞生》呐喊出“重估一切价值”的口号，继而树立起“超人”目标，宣判了“上帝已死”。通过此书，他完成了对时代精神、基督教、理性主义和庸俗日常生活的彻底悖逆和批判。

《悲剧的诞生》封面

20世纪80年代后半期的中国，随着体制的转型和时代场景的突变，人们普遍感到，在人生观、价值观以及社会科学各个领域，原有的理论资源已经不够用，因而对新思想、新理论、新观念怀着一种饥渴。与此同时，“文革”后复学的中青年学人经过几年学习和研究，也有了初步的积累。于是，此呼彼应，出现了国外思潮涌入的热烈场面。几十年后的今天，时代场景又一次发生巨变。当年以思潮为时尚的精神浪漫，今天已被以财富为时尚的物质浪漫取代，最有诗意的东西是金钱，不是哲学。回想起那个精神浪漫的年代，真令人有恍若隔世之感。对于今天的青年来说，那个年代已经成为一个古老的传说。

今天的青年人，已经无法仿效20世纪80年代的精神浪漫。但是，周国平译介的尼采带给了我们很多对人生的思考。

《生存空虚说》

——让所有现代人发现了“真正的自我”　　阿图尔·叔本华 著　作家出版社　1987.4

叔本华以其著作《作为意志与表象的世界》享誉世界，这部作品受到了印度哲学的影响，被认为是将东方和西方思想融合的首部作品。书中叔本华认为“理性”不过是意志的派生物，意志具有决定性。按照叔本华的观点，生命是意志的通达。由于人的欲望是无限的、永不满足的，所以生命中充满的是痛苦。快乐只是痛苦的短暂消失。对于叔本华来说，逃脱痛苦的唯一方式是否定所有欲望，达到一种对生命完全漠然的状态，这种状态更类似于佛教的涅槃。

叔本华出生于德国但泽（今属波兰，已更名为格但斯克）的一个银行家家庭，自幼性情孤僻。母亲约翰娜·叔本华是当时颇有名气的作家，与歌德等文豪有所交往。叔本华精通历史、音乐、医学、物理学、植物学、生理学、天文学，并同时深谙文学。他是黑格尔绝对唯心主义的反对者，是新的“生命”哲学的先驱，他对人间的苦难极为敏感，因而他的人生观带有强烈的悲观主义倾向。

20世纪80年代，人们读到的是叔本华的《生存空虚说》。《生存空虚说》收录了叔本华所有重要哲学论文。他认为，生存之所以空虚，是因为：第一，在生存的全形式中，“时”与“处”本身是无限的，而个人所拥有的极其有限；第二，现实唯一的生存方式，只是所谓“刹那的现在”的现象；第三,一切事物都是相关联、相依凭的，个体不能单独存在；第四，世上没有“常驻”的东西，一切都是不停地流转、变化；第五，人类的欲望是得陇而望蜀，永远无法餍足；第六，人类的努力经常遭遇障碍，人生而为克服它，必须与之战斗，予以剪除。尼采称是叔本华让所有现代人发现了“真正的自我”。

我们可以一起来学习这本书中的一句话，尽管它不那么好懂。

我们的痛苦多半在于瞻前顾后；痛苦本身是短暂的。死亡的忧虑所引起的痛苦，甚于死亡本身。

左:《生存空虚说》封面

—

右:《生存空虚说》扉页

“

那个时代，人们的话题里没有区块链、互联网、商业模式和家庭理财，而是上面的那些人物。年轻人迷恋尼采的酒神精神，甚至觉得那是写作诗歌的最好工具，而叔本华的悲观，借着青春期肤浅的理解，他们开始体会到人生如梦的悲凉意味。后来又读到了歌德，不过是鄙夷地读他，尤其是他在皇室面前卑躬屈膝的样子，与伟大的贝多芬形成了鲜明的对比。但之后他们很快就读懂了《浮士德》，知道了魔鬼其实一直在操纵着人类的命运，人们的一生惟有努力再努力，须臾的满足都可能导致毁灭。而佶屈聱牙的康德，也没有吓退年轻人，更多的时候，他们捧着康德的巨著，可能是在老师和同学们面前装装样子，但无论如何，当他们读到康德头上的星空和心中的道德律，还是前所未有的惊叹。世界是如此之大，作为人，必须保持足够的敬畏。

这些优美的阅读生活，导致整个20世纪80年代看上去那么单纯，那么理想化，并有那么一些青涩的忧伤。

”

《浮士德》

——人类的一面镜子

歌德 著　郭沫若 译　新文艺出版社　1947.11

歌德用了64年时间写成的巨著《浮士德》，整体上回答了有关哲学的问题，如宇宙的形成、万物的起源、认识的性质、人生的意义，乃至人类发展的未来。

你们又走近了，缥缈不定的身影，

当初曾一度出现在我模糊的视线。

敢情这次我将努力把你们抓住？

莫非我的心仍然倾向那个痴想？

你们过来吧！来吧，只要你们高兴，

尽可能从云雾里飘到我身边；

随着你们的到来，空气中弥漫着灵光，

使我重新感受到了青春的活力。

歌德以这几句诗做了整本诗篇的开头。刚出场的浮士德满腹经纶，久负盛名。

不过，这一天，上帝在天庭召见群臣，魔鬼梅菲斯特也如约而至。上帝问起浮士德的情况，梅菲斯特说浮士德欲望无穷，什么也不能使他满足，最终必将堕落。而上帝却坚信浮士德虽然在追求中难免有失误，但理性和智慧会让他找到有为的道路。梅菲斯特不以为然，自信能引诱浮士德走向堕落。作为否定的精灵出现在剧中的梅菲斯特，一开场就同上帝打了一个赌，他决心要运用自己全部的计谋与力量，将浮士德的灵魂弄到手，并使这个灵魂下地狱。“于是他跟上帝打赌，无人能探测其深浅”的上帝同意了他的行动，上帝便将浮士德交给了他。

而另一个场景是，为了满足自己的求知欲，浮士德请了两位魔法师来教他魔法。在等待之际，有一善一恶的天使来找他，善天使忠告他这是危险的知识，希望他不要触碰，但浮士德心意已定，不愿更改。他学得很快，不久就对魔法运用自如。他召唤了恶魔梅菲斯特，满心以为自己已获得控制邪恶灵魂的力量。通过与魔鬼梅菲斯特的辩论，浮士德以灵魂为交易条件，立下契约：梅菲斯特留在他身边24年，而一旦浮士德对生活满足而停止了奋斗，说出“你真美呀，请停留一下！”他的生命就得马上结束，灵魂即为魔鬼所有，死后也将做魔鬼的仆人。

在梅菲斯特的帮助下，久居书斋的浮士德开始了世俗生活。梅菲斯特不是一个普通的魔鬼，他更像一个考官。这个考官代表着否定的力量，他否定人类的向上精神，不相信人类会那么执着去追求光明；他也代表着邪恶，引诱人堕落，用卑残的手段使自己遂愿。正是梅菲斯特的不断引诱，才使浮士德在一次次的堕落与失败之后更加有勇气挑战新目标，不断前进，愈挫愈勇。

《浮士德》扉页

借助这12111行诗，实际上，歌德述说的是一个追求的故事。莱辛曾说过：人的可贵不在于拥有真理，而在于追求真理。浮士德就是一个永远追求的人物典型，他不局限于从书本里去了解世界，而渴望在实践中，在行动中去改造世界，这是一种在腐朽的封建社会里所没有的新型的人的精神气质。他一生的精神发展经受一番脱胎换骨的历程：他追求过知识，追求过爱情和情欲，追求过美，他为了有所作为不惜与封建统治者妥协，造成了悲剧的结局。但每一次失败和迷途，都使他向真理靠近了一步，因为他没有放弃追求。最后终于在改造大自然中找到了真理。

请你高升到上空来吧，

他知道你在，会跟在后面。

在诗的最后篇章，正当梅菲斯特要将浮士德的灵魂带往地狱时，天使们抛下的玫瑰花瓣化为火焰，驱走了梅菲斯特，于是，浮士德的灵魂获救。天使将浮士德接到天庭，见到了圣母和格雷琴。天堂欢声四起，众天使为战胜魔鬼，获得浮士德的灵魂而高奏凯歌。

浮士德就是这样到达了天堂。他的意义在于向人们指出了一条精神净化的道路，指出了人生的意义和人们应追求的生活理想，把人们引向——为崇高的理想而奋斗不息的伟大道路。

“

哲学思潮在80年代波涛涌起，是社会转型时期的中国重新定位价值方向的一种反映，它对当时的文学创作产生了深远影响。

外国文学的进入给中国的创作者们提供了新的思路：象征主义、表现主义、未来主义、意识流文学、超现实主义、存在主义、荒诞派戏剧、黑色幽默、魔幻现实主义……数不尽的主义和流派被一起命名为“现代派”，汇成一股潮流，影响着中国的创作者。加西亚·马尔克斯、卡夫卡、米兰·昆德拉成为中国文学创作者的老师，他们的思想或语法，深深渗透到80年代中国作家的文学创作中。

特别要提到的是加西亚·马尔克斯的《百年孤独》。朱大可曾经在他的文章《马尔克斯的噩梦》中说：“一种‘马尔克斯语法’在作家之间流行，犹如一场疯狂的西班牙型感冒。”他列出了一个长长的作家仿写清单，包括莫言、贾平凹、马原、余华、苏童、格非、阿来等等，他们正是80年代成长起来并依然活跃于当下文坛的作家。

”

《百年孤独》

——首部值得全人类阅读的文学巨著

加西亚 · 马尔克斯 著　高长荣译　北京十月文艺出版社　1984.9

1982年，瑞典文学院认为，马尔克斯在《百年孤独》中“创造了一个独特的天地，即围绕着马孔多的世界”“汇聚了不可思议的奇迹和最纯粹的现实生活”，因而授予他诺贝尔文学奖。智利大诗人聂鲁达盛赞马尔克斯，称他是“继塞万提斯之后最伟大的语言大师”，《纽约时报》则称《百年孤独》是“继《创世记》之后，首部值得全人类阅读的文学巨著。”

这部与《红楼梦》有些相似的小说，讲述的是布恩迪亚家族七代人在一百多年间，因为权力、情爱的轮回而起起落落，直至最后消亡的故事。它与《红楼梦》的相似是形似而神不似，《红楼梦》的矛盾来自家族内部，《百年孤独》的矛盾则来自外部。

小说开头这样叙述：“多年以后，奥雷连诺上校站在行刑队面前，准会想起父亲带他去参观冰块的那个遥远的下午。”有人说，这个开篇就开创了小说写作史上的新篇章，短短一句话，却将未来、现在和过去三个不同的时空状态牢牢地绑在一起。从那之后，我们在更多的小说，甚至是电影中看到《百年孤独》这个著名开篇的影子。莫言先生说：“我读《百年孤独》这本书第一个感觉是震撼，原来小说可以这样写，紧接着感觉到遗憾，我为什么早不知道小说可以这样写呢?”

《百年孤独》中采用了大量象征、隐喻、意识流等魔幻现实主义手法，融入神话传说、民间故事、宗教典故等神秘因素，将现实与虚幻巧妙糅合，展现出了一个虚构的真实世界。象征主义手法运用得比较成功且有意义的应首推关于不眠症的描写：马孔多全体居民在建村后不久都传染上一种不眠症。严重的是，得了这种病，人们会失去记忆。为了生活，他们不得不在物品上贴上标签。例如他们在牛身上贴标签道：

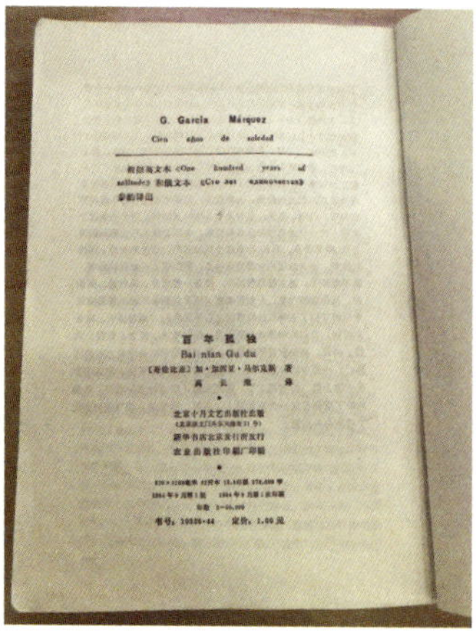

左：《百年孤独》封面

—

右：《百年孤独》版权页

“这是牛，每天要挤它的奶；要把奶煮开加上咖啡才能做成牛奶咖啡。”这类例子书中比比皆是，作家意在提醒公众牢记容易被人遗忘的历史。

在一百年来马孔多的历史里，布恩迪亚家族中的人缺少任何实质上的感情沟通，没有信任和了解。尽管家族中的人继承先祖的开拓精神，通过发动战争、开凿航道、修建铁路等方式试图与外部世界的进步文明联系起来，但均以失败告终。他们始终没有摆脱孤独，时间，在一百年之后仍仿佛第一代先祖发现的那样，永远停留在星期一，马孔多的一切都陷入停滞不前，直到家族中的最后一代人刚一出生就被蚂蚁吃掉，马孔多也消失在一阵飓风之中。布恩迪亚家族的历史，实际上代表了整个拉丁美洲的历史，他们试图融入外部世界的先进文明，渴望抛下保守落后的本土传统，但最终所有的努力和挣扎，都像奥雷里亚诺上校发动的32场战争一样成为徒劳。

马尔克斯曾经近乎绝望地说，拉丁美洲的历史是一切巨大然而徒劳的奋斗的总结，是一幕幕事先注定要被人遗忘的戏剧的总和，这样的历史象征了孤独，就是百年的孤独。“所有人都显得很寂寞，用自己的方式想尽办法排遣寂寞，事实上仍是延续自己的寂寞。寂寞是造化对群居者的诅咒，孤独才是寂寞的唯一出口。”《百年孤独》里说。

《变形记》

——西方现代派文学的奠基之作

卡夫卡 著　张荣昌 译　上海译文出版社　1970.1

《变形记》是卡夫卡最重要的作品。卡夫卡的作品不多，仅四部短篇小说和三部未完成的长篇小说。他的笔下也大多是生活在社会底层的小人物，他们在这充满矛盾、扭曲变形的世界里惶恐、不安、孤独、迷惘，遭受压迫却不敢反抗，也无力反抗，向往明天却又看不到出路。其中非常具典型性的代表，便是格里高尔。

格里高尔一觉醒来后发现自己变成了一只巨大的甲虫，甲虫的格里高尔带着人的视角，看到的是一群荒诞、冷漠的芸芸众生。他“说的话人家既然听不懂，他们就不会想到他能听懂大家的话”，既是人又是虫的格里高尔承受着不能变回人的灾难。“他怀着温柔和爱意想着自己的一家人。他消灭自己的决心比妹妹还强烈呢，只要这件事真能办得到。”为远离人和虫的世界，格里高尔只能在绝望和孤独中死去。“人变为甲虫”的故事成了现代人生存状态与心灵感受的寓言。

《变形记》，被看作西方现代派文学的奠基之作，由他名字演变的形容词——Kafkaesque（卡夫卡式），也成为日常用语进入现代人的生活。直至今日，《变形记》仍被公认为是世界上最伟大最著名的短篇小说。

卡夫卡受父亲影响很深，作为一个白手起家创业成功的富商。父亲体格壮硕、性格强势、脾气火爆，希望把儿子培养成为性格坚强又能干的人，可却对卡夫卡热衷的事情，常常表现出鄙视。卡夫卡说：“我在自己的家里，在那些最好、最亲的人中间，感觉比陌生人还要陌生”，甚至“像奴隶活在父亲掌控的世界里”“丧失了说话的能力”。瓦尔特·H·索克尔在他《反抗与惩罚——析卡夫卡的<变形记>》一文中认为，格里高尔想通过变形来反抗父亲，他幻想着父亲见到他的样子会转变态度，这样他就能免于受罚。但结果却适得其反："可怕的形象能吓跑秘书主任，但面对愤怒的父亲却失了效，使格里高尔变得软弱无助。"而从这里，我们似乎可以从格里高尔身上看到卡夫卡的影子。赫尔曼·黑塞说："卡夫卡不是作为一个哲学家或神学家对我们说话，他只是一个作家。他给予我们的是他那痛苦孤独生活的梦想与幻觉……这些梦想与幻觉是我们能从他那里得到的一切，而不是通过自作聪明的阐释得到的什么'意义'。"

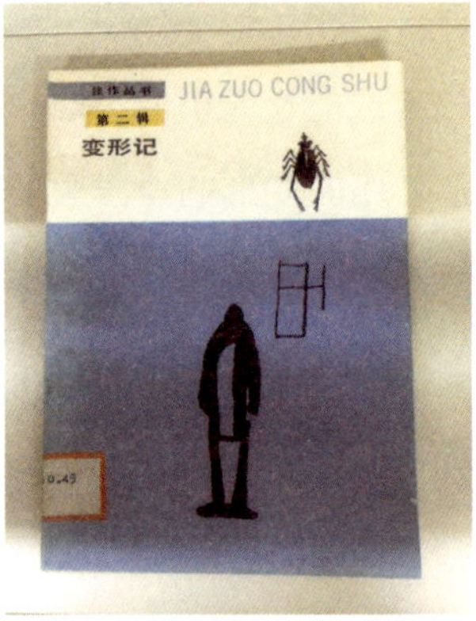

《变形记》封面

如果说加缪的《局外人》是个人看向世界的视角，那么《变形记》则是个人看向自我的视角，我们读《变形记》时，更像是在照镜子。卡夫卡式的变形不止象征着人际关系的异化，更指向人自身的异化：在痛苦孤独的生活面前，渴望反抗，又觉得反抗有罪。我们没有能力没有勇气掌控自己的命运，唯有放弃，直到被彻底粉碎、毁灭。

《生命中不能承受之轻》

——只能活一次，就和根本没有活过一样

米兰·昆德拉 著　作家出版社　1987.9

在那个文艺的20世纪80年代，米兰·昆德拉似乎是一夜之间风靡中华大地。他的思辨与轻盈的笔触在那个年代是一种崭新的体验。接下来的许多年，昆德拉的书在中国一直处于畅销状态，他的作品几乎都被译成中文，甚至有一些他自己都不大承认的作品。

昆德拉最受欢迎的小说当属《生命中不能承受之轻》。小说从永恒轮回的讨论开始，把我们带入了对一系列问题的思考中，“在永恒轮回的世界里，一举一动都承受着不能承受的责任重负。”但这种重负在这个轮回不存在的世界里，没有意义——“只能活一次，就和根本没有活过一样”。

围绕着托马斯与特丽莎、萨丽娜之间的感情生活，又通过他们对生命的选择，昆德拉将小说引入哲学层面，对诸如回归、媚俗、遗忘、时间、偶然性与必然性等多个范畴进行了思考，昆德拉借托马斯之口表示：历史和个人的生命一样，轻得不能承受，轻若鸿毛，轻如尘埃，卷入太空，明天不复。在这样一个宏观的永恒轮回的观念下思考生存的意义，我们需要关注的只是现实

这个感性的世界，而不是去指望什么不存在的天国或灵魂的转世；只需要关注生存的瞬间，“存在开始于每个瞬间”，过去的已经不存在了，未来的还没有到来。所以，要活在当下，要执着人生，要在现在时中把握生命。

这部小说并不是传统意义上的爱情故事，以“布拉格之春”运动为背景，昆德拉讲述的是一个包括托马斯、特丽莎、萨丽娜在内的捷克各阶层人民的勇敢正直、虚弱惶恐以及堕落沉沦的人生历程。他试图说明这样一个问题：在人类的历史中，一种沉重的抗击在有所着落的同时往往显得无所着落——变成了不能承受之轻。这是一个令人茫然的悖论，一种自相矛盾。昆德拉从这里揭示出了人类生存状况的困惑，从而引发了人们普遍的关注。

轻与重，这组相对的概念，在书中的每一个角落幽灵般的闪现着，爱情，理想，背叛，媚俗，生存，都在这张轻重交织的人生之网中互相联系着、纠缠着，却永远的不能逃离。即使离开文本，回望自身，我们仍可以看到自己生命中那轻重交织的印痕。

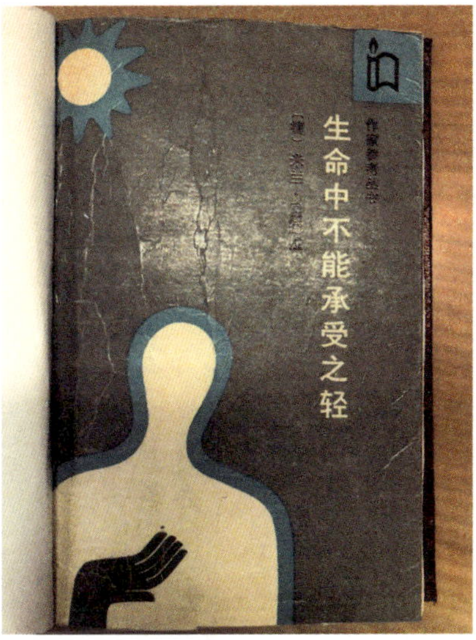

《生命中不能承受之轻》封面

第七章

阵痛之后

20世纪90年代以后，书慢慢多起来。但图书在大众阅读中的命运却不像GDP那样直线上升，而是呈现出复杂状况。90年代社会生活的丰富与多样化某种程度上减弱了大众对文学的心理依赖，广泛普及的电视占据了早先属于文学的大量闲暇，而职业所需要的实用知识学习也日益分割文学阅读的时间。这都是社会发展的伴生现象，即使如此，某一种适宜的文学样式仍会变成一时之宠，如散文。90年代中期的“散文热”反映了人们在急促生活节奏中的文学需求。而且教育水平的提高、收入的增加毕竟为图书消费创造了条件，作家们也终于在“失去轰动效应”以及“边缘化”的“阵痛”之后找到了自己创作的恰当定位。

1993年有两本小说特别值得一提，一本是《废都》，一本是《白鹿原》，后者尤为重要，毕竟在那时很少能见到这种史诗般的大作品。而《废都》在被禁16年后，于2009年解禁。1994年、1995年的“人文精神大讨论”，主要是围绕着王朔和王蒙的一些讨论，尤其谈到了人文精神的建设。讨论中一开始谈到对历史怎么看，后来的讨论却逐渐局限于对具体某一个作家的批判。本来可以进一步深化，但由于种种原因却没有深化下去，没有对后来的阅读、教育产生积极的推动作用。

这一时期，我们认识了好几个人，一个是陈寅恪先生，当然也包括吴宓先生。另一个是顾准。1995年，陆键东的《陈寅恪的最后20年》出版，书中透露了一些建国之初的事情，非常让人震动。当时新中国刚建立，而陈寅恪在历史学界的名气很大，想请他当历史研究所的所长。陈寅恪却提出了一个条件，那就是历史所不能搞政治学习，还要求领导人给他在保证书上签字画押。当然他最后没有当成这个所长。这之后，人们发现他的学问确实很大，他不仅通晓多种外语，还对许多历史问题、文化问题都有深刻的见解。所以在上世纪90年代，读陈寅恪也成了一种潮流，陈寅恪的人格魅力、治学态度也影响了许多学者。从陈寅恪的著述里，我们可以看出他对中国传统文化的热爱，他的许多观点、想法也都是站在文化本位的角度和立场展开的。陈寅恪用实际行动书写了历史，用自己的行为为中国做了一个注释，让大家不再随意否定传统文化了。

在陈寅恪受到普遍尊重的同时，顾准也受到了极大关注。《顾准文集》和《顾准日记》是当时很重要的两本书。顾准从古希腊民主政治角度去思考，得出中国也要实现民主的结论。这是他在“文革”期间写出的东西，顾准在“文革”中受了很多苦，连他的孩子也跟他决裂了，但他仍然为国家做着思考。所以，有人说他是“一个人在最黑暗的时候，思考着国家最光辉的问题。”

《废都》

——誉满天下，毁满天下　贾平凹 著　北京出版社　1993.6

“在这本书出版前，我被文坛说成是最干净的人，出版后，我又被说成文坛最流氓的一个。”这本书也是：“誉满天下，毁满天下。”贾平凹说的就是他的《废都》。在它出版之前，贾平凹的“金字招牌”引得各大出版社竞相报价，最终被北京出版社抢得书稿。不到一个月，第一版的48万册就被读者迅速抢光，随后又加印17万册，到1993年底，所印数目已经超过百万册，盗版还在其外。

《废都》在名声大震的同时，文学评论界也是一片沸腾，对它的歌颂与批评纷至沓来。赞扬的人认为，《废都》是描写“中国知识分子灵魂的史诗”，学者温儒敏称赞它的命意“和《荒原》何其相似，两者同样有着对于传统文明断裂后的隐忧和悲剧感，《废都》也许可以被称为东方式的《荒原》。”同时，一大批专家学者们却并不买它的账，认为“《废都》的闹腾纯粹是大众文化和感官文化排挤精英文化的畸形产物”。北京大学教授孟繁华在他的《拟古之风与东方奇观》中甚至评价“《废都》是明清文字遗风的拙劣承结。是典籍拼接的一个范本”。伴随着巨大的争议，《废都》被禁止出版。

《废都》封面

2009年7月，被禁16年的《废都》解禁，由作家出版社再版，和《浮躁》《秦腔》组成“贾平凹三部曲”。“□□□（此处作者删去××字）”，这个《废都》的标志之一，在新版中变成了“……（此处作者有删节）”。解禁后的《废都》，也只能在波澜不兴中收获一片荷尔蒙为零的唏嘘感慨之声了。

《白鹿原》

——一个民族的秘史，变迁的雄奇史诗

陈忠实 著　人民文学出版社　1993.6

由于特殊政治环境兴起的“反思文学”创作潮流，逐步泛化为上世纪80年代的一种普遍的文学精神。这种精神影响到90年代的长篇创作，促使这期间的作品在对民族历史文化的反思方面，达到了一个新的高度。陈忠实正是在这样的文学思潮之中，有了对《白鹿原》的创作欲念，并且完成了这部能够代表这种反思新高度的作品。

第四届茅盾文学奖对《白鹿原》的评价是：这是一部渭河平原五十年变迁的雄奇史诗，一轴中国农村斑斓多彩、触目惊心的长幅画卷。主人公六娶六丧，神秘的序曲预示着不祥。一个家族两代子孙，为争夺白鹿原的统治代代争斗不已，上演了一幕幕惊心动魄的活剧：巧取风水地，恶施美人计，孝子为匪，亲翁杀媳，兄弟相煎，情人反目……大革命、日寇入侵、三年内战，白鹿原翻云覆雨，王旗变幻，家仇国恨交错缠结，冤冤相报代代不已……古老的土地在新生的阵痛中颤栗。

为了创作这部作品，陈忠实用了两年时间准备，而后用了四年时间，在他50岁时完成了创作。他成功塑造了白嘉轩、鹿子霖、鹿三、朱先生这些具有深刻历史文化内涵的典型形象，成功地塑造了黑娃、白孝文、田小娥、鹿兆鹏、鹿兆海、白灵等年轻一代性格各异、追求不同、极具时代代表性的人物形象。“小说被认为是一个民族的秘史”。陈忠实以巴尔扎克这句名言做为小说的题记，表达出其创作这部长篇小说的宏愿与艺术追求。

1991年腊月廿五下午，近50万字的《白鹿原》终于画上了句号。陈忠实记录道：自己两眼发黑，脑子里一片空白，陷入了一种无知觉的状态。他坐在小竹凳上一动不动，究竟采取什么姿态默坐的，已经不复记忆了。这部小说成稿之后，《当代》杂志

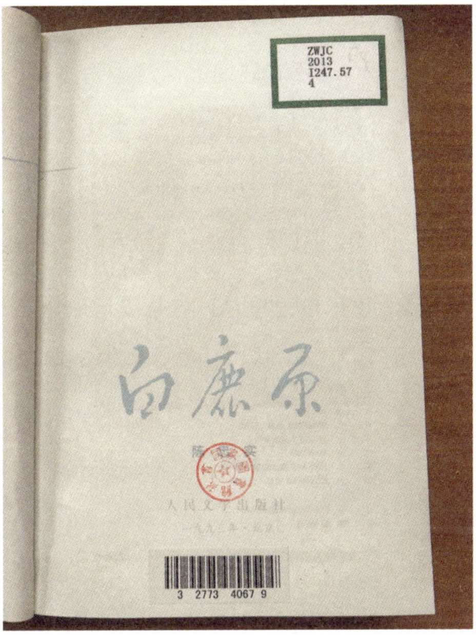

左:《白鹿原》书封

—

右:《白鹿原》扉页

的两名编辑前来拿稿，当时的陈忠实还没有实力请他们在外面吃饭，吃的是自己妻子包的饺子，他还清楚地记得馅里有刚采下的韭菜。两名编辑在火车上就抢着读这部小说，之后略加删改后刊登在《当代》上，杂志出版的当天，陈忠实从乡下赶往西安的时候就已经没法买到了，杂志被抢购一空。

1993年6月，《白鹿原》作为小说正式出版单行本。不几年，《白鹿原》就进入了经典的行列。《白鹿原》对从清末到解放初期的关中地区的社会生活的全面的描绘，尤其精彩的是塑造了中国文学史上很少出现的几类人物：以推行“乡约”为人生主旨，整个人格负荷着传统礼教色彩的族长白嘉轩；他的对手，新时代的投机者，奉行“勾践精神”的鹿子霖；还有我行我素，在原上犹如白狼一样行走的黑娃，包括他的妻子，一个依靠本能行事，美艳绝伦的田小娥……对上述几类人物的描写，超越了时代，在巨变的百年中国里呈现出不变的样子，从这个意义上说，陈忠实写出了我们这个民族的秘史。

王朔现象

——中国最早的“民间立场”

《顽主》云南人民出版社出版

在整个大众文化领域，20世纪80年代末90年代初，两个词语可以比较恰当地表现整个时代心理：“玩世不恭”和“无聊感”。这种“玩世不恭”的情绪方式和行为表现以及作为延伸的“无聊感”正是一种巨大的失败感和挫折感造成的，表现出一种深刻的价值转型期的严重不适感。这种心理状态在王朔的小说中得到了直接的表达，他的系列作品都是在不断地传达和揭示此种精神现象，由此产生了“王朔现象”。

“王朔现象”成了中国最早的“民间立场”与“知识分子”在文化领域的严重分野和对抗。这种对抗中，作为民间精神的鲜活的舞蹈相比作为“知识分子”的呆板的舞蹈，自然更能赢得眼球和喝彩。当然，王朔的小说绝大部分是通俗读物层面的，然而这种通俗读物却真正满足了时代对文学的需求。

王朔在自己的小说里不断地重新解释各种社会行为和人的处境、人与人之间的关系。在王朔的小说里，主人公常常挂在嘴上的口头禅是：就那么回事！没劲！别拿我当人！我就是一流氓！等等。这些对世界的消极反应以及对自我的贬损正是整个20世纪90年代人在其自身尴尬处境中的强烈的反抗。在作家中，王朔在这点上是体会和理解最透的一个，王朔靠感性、自觉和直率获得了成功。

生活的戏剧性和荒诞感变成王朔笔下对人物的一个个调侃，这种调侃最终成为汹涌泛滥的大众精神狂欢和超级娱乐方式。仅就文学来说，说王朔的出现划分了两个时代是不过分的。这时候谈论王朔，他的文学成就高低已经无关紧要了。

王小波的“黄金时代”

——一个真正的局外人，一个真正的作家

李银河说，王小波是那种心中有歌就一定要唱的人。阅读了他的书，我们就知道，他的写作就是一种生命的歌唱。

王小波的《黄金时代》是经典性的当代作品。其作品充满了一种别致的味道，让人一看倾心。小说写了一种玩玩闹闹中的认真，一种动荡中的甜蜜和痛苦中的快乐，达到了一种反讽的效果。从《黄金时代》到《青铜时代》，“时代三部曲”经历了洛阳纸贵的阶段，屡次高居图书排行榜前列。

读过王小波的作品，首先必须承认及面对一个事实：王小波的文本力量仅仅是一方面，他的独立思考的骑士精神却是意义深远的，其贡献远远超越了文化层面。

实际上，王小波到死的时候，他的作品仍未进入主流文学的视野之内。很多伟大的作品在出版前都曾历尽艰辛曲折，王小波的书也遭遇过这种命运。他曾经感叹：“出版一本书比写一本书要难得多。”所以，他说，他若写墓志铭，会在“活过，爱过，写过”后面加上一句，“书都卖掉了”。令人惋惜的是，花城出版社即将推出“时代三部曲”时，王小波突然离去。

王小波辞了教职后，没有单位，没有加入作协，生前他说过：“听说有一个文学圈，我不知道它在哪里。”他是一个真正的局外人，但却是一个真正的作家，一个比起许多作家更像作家的作家。

“有的人死了，但他永远活着。”这句话形容王小波是最恰当不过的。与卡夫卡相似，与所有另类的艺术家相似，王小波属于那种生前平寂、死后“热闹”的作家。

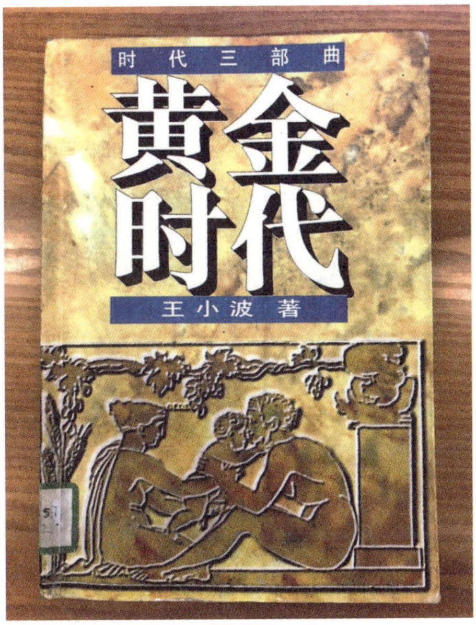

时代三部曲之《黄金时代》的封面

王小波其人其文既有文学价值，又有精神价值。他的作品打破了雅俗的界限，既好看又有深刻的内蕴；而他特立独行的存在方式——游离于主流文坛之外，把民间的、精英的、自由知识分子的精神状态保持得如此之好，又体现了一种独特的精神价值。

《陈寅恪的最后 20 年》

——新中国成立 20 年知识分子的心路历程　陆键东 著　生活·读书·新知三联书店　1995.12

陆键东所著《陈寅恪的最后20年》虽写的是陈寅恪，反映的却是新中国成立20年知识分子的心路历程。

陈寅恪是清朝湖南巡抚陈宝箴之孙、著名诗人陈三立之子。1898年，戊戌变法失败，也宣告了他祖父和父亲政治生命的结束。不到十岁的陈寅恪，就目睹了一代世家如梦般消失。特殊的家庭背景，造就了他好学上进之心。1902年，他随兄衡恪东渡日本，入日本巢鸭弘文学院，从此开始了长达23年的游学生涯，足迹所至有日本、德国、美国、法国、瑞士等国，先后就读于德国柏林大学、瑞士苏黎士大学、法国巴黎高等政治学校、美国哈佛大学等著名学府。

1925年，陈寅恪回国，与王国维、梁启超、赵元任一道成为清华大学国学研究院四大导师。四大导师中最晚到校的陈寅恪，在当时并不出名，与其他三人相比，陈寅恪既没有显赫的声望，又没有镇服人心的学位。无著作、无文凭的陈寅恪受梁启超举荐为导师时，一度为当时的清华校长曹云祥所拒。但不久，学生就被陈寅恪的博学折服，因而，陈寅恪上课的教室，总是坐得满满的，一半是学生，一半是慕名而来的老师，就连朱自清、冯友兰、吴宓那样的名教授也一堂不漏地听他上课。

1939年春，英国牛津大学聘请陈寅恪为汉学教授，并授予他英国皇家学会研究员职称。他也因此成为该校第一位受聘的中国语汉学教授，后因第二次世界大战爆发，交通断绝，牛津大学虚位等待陈寅恪多年，才另请他人。

陈寅恪一生治学秉持“独立之精神，自由之思想”。他长期致力于史学研究工作，研究范围甚广，其对魏晋南北朝史、隋唐史、宗教史（特别是佛教史）、西域各民族

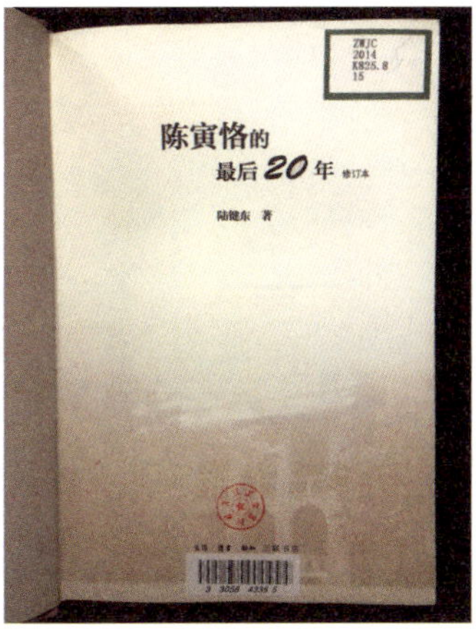

左：《陈寅恪最后20年》封面
—
右：《陈寅恪最后20年》扉页

史、蒙古史、古代语言学、敦煌学、中国古典文学以及史学方法等方面都作出了重要的贡献。陈寅恪治学主旨"在史中求识"。他不仅继承了清代乾嘉学者治史中重证据、重事实的科学精神，又吸取西方的"历史演进法"，并在这个基础上，注意对史实的综合分析，从许多事物的联系中考证出关键所在，用以解决一系列问题，求得历史面目的真相。他这种精密考证方法，其成就超过乾隆、嘉庆时期的学者，发展了中国的历史考据学。其代表作有《隋唐制度渊源略论稿》《唐代政治史述论稿》《元白诗笺证稿》《金明馆丛稿》《柳如是别传》《寒柳堂记梦》等。

新中国成立初期，陈寅恪受到重视，在中国科学院成立中世纪研究所（即第二历史研究所）时，即请陈寅恪出任该所所长。陈寅恪的学生汪錢携带院长郭沫若、副院长竺可桢的亲笔信去请，但他却在《对科学院的答复》中写道："对于独立精神、自由思想，我认为是最重要的，所以我说'唯此独立之精神，自由之思想，历千万祀与天壤而日久，共三光而永光'"。正是这样的学术思想，他提出了出任中国科学院第二历史研究所所长的两个条件：第一条"允许中古史研究所不奉马列主义，并不学习政治"。第二条"请毛公或刘公给一允许证明书，以作挡箭牌"。这两条，即使在今天看来也近于苛刻。陈先生的这一条件，一方面反映了他的学术主张，另一方面也是他"从来不谈政治，与政治决无连涉，和任何党派没有关系"的人格特质。

《顾准文集》

——留下了一种卓尔不群、独立思考的精神

顾准 著　贵州人民出版社　1994.9

按照目录，这部文集分为可独自成书的三大部分，即:《希腊城邦制度——读希腊史笔记》《从理想主义到经验主义》《经济文稿》。在《希腊城邦制度》中，顾准探讨了古希腊民主政体向僭主制政体嬗变的过程，探讨了民主与独裁、多党制与议会制等问题，阐发了他对西方主流的两党制与议会制的看法。在《从理想主义到经验主义》中，他结合欧洲唯理论与经验主义的思想传统，反思了马克思主义的兴起及其在苏联、东欧、中国的传播出现的理论问题及现实中的实践问题，力图弄清为什么革命胜利之后局势逐渐演变为与革命的初衷相反，从而得出了从欧洲大陆理性主义走向英国式经验主义，从一元论走向多元论的结论。在《经济文稿》中，他阐发了社会主义市场经济及价值规律的作用等问题。

1994年，贵州人民出版社出版了《顾准文集》，这部著作的出版颇有一石激起千层浪的迹象，品读顾准的文章各处都是。顾准早年毕业于上海立信会计学校，1935年加入中国共产党，1957年他发表了《试论社会主义制度下的商品经济和价值规律》，第一次提出了在社会主义条件下实行市场经济。后来，他两次被打成“右派”，却仍然坚持理想和信念不动摇。在逆境中，他不仅写下了组成《顾准文集》的《希腊城邦制度》和《从理想主义到经验主义》等著作，更重要的是，他为我们留下了一种卓尔不群、独立思考的精神。

有人说顾准是那个年代的一个意外，他发出了微弱但却坚毅卓绝的人类良知和理性的声音。他的坚持导致了个人悲剧，却成就了我们民族的一件幸事。

在《希腊城邦制度》中，顾准言必称古希腊，其实时时刻刻不在流溢出强烈的

《顾准文集》封面

中国问题意识。他山之石，可以攻玉。在那个时代背景下，顾准以一己之力从古希腊挖掘民主的根，再反观中西政治传统差异，从而为中国的民主和人民福祉提供镜鉴。且不论他的证据是否全面、确凿，他的结论是否合理、周密，但其研究之最后指向终究还是剖析中国本身的问题。

另一方面，是关于他从理想主义走向经验主义的哲学言说。这种言说之所以如此掷地有声，是因为他看清了革命乌托邦虚妄的本质。是残酷无情的历史现实，而不是纯粹的哲学推演，把他引向了彻底经验主义的道路。顾准看到，他自己的个人悲剧，正是在这种巨大的乌托邦运动中被一种神圣不可抗拒的意志所写就的。

哲学的思辨和个体命运的疼痛，都迫使他不得不彻底抛弃唯理主义的理想主义叙事，抛弃那个宏大、神圣的唯一性和整体性，坚定地走向多元主义、自由主义和经验主义的社会立场。恰如他自己宣誓的："今天当人们以烈士的名义，把革命的理想主义转变成保守的反动的专制主义的时候，我坚决走上彻底经验主义、多元主义的立场，要为反对这种专制主义而奋斗到底！"

吴敬琏先生在他的《中国需要这样的思想家》中说：

人们也许认为，顾准之所以能够这样无所顾忌地探求真理，是因为他在经历了种种人世沧桑之后，已经变得超然物外，对于人世间的喜怒哀乐都无动于心。我想这种判断也是不符合实际的。顾准从来认为，"力求在一个没有希望的世界上寻求自己灵魂的安宁""不是禄蠹，就去出家""愤世嫉俗，只好自称老衲"，都不足为训。顾准精神是入世的。正像他自己所说，他的宗旨在于"为人类服务"。为了中华民族和全人类的未来，他立志做一个"用鲜血做墨水的笔杆子"。顾准的确实现了这一诺言，用自己的鲜血写下了掷地有声的篇章，至死方休。

第八章

从一元到多元

1997年是一个分水岭。到了1997年，中国才开始真正翻天覆地地告别传统社会。“90年代是一个从精神解放向物质解放过渡的时期，人们忙于给精神解放奠定物质基础，反而把精神湮没了。人的生活落到地面，变得平庸、平常，没有高蹈宏大的目标，而物质性变得更坚实。”张颐武用了一个比喻，20世纪80年代是头着地站起来，90年代是倒过来用脚站起来了。

这一时期，阅读的功利性、娱乐化逐渐显现，启蒙文化方面的需求冲动性逐渐消退。

新世纪是一个商业图书爆炸性膨胀的年代，商业文化成为主导文化，企业家取代80年代的哲学家、90年代的文化明星，成为时代的偶像。企业家的传记成为中国梦之一种，广为流行；而随着中国加入世界大家庭，“告别民族悲情，需要一个中国和世界关系的解释，这种解释是理性的探讨，如《世界是平的》，而非90年代的宣泄性的《中国可以说不》；其次，解释中国，是通过商业经济来解释中国，而新世纪的中国作为世界新舞台，也激起了国人对大国的想象，《大国崛起》的流行正是说明了这一点。”张颐武说。

《世界是平的》

——比尔·盖茨多次向员工推荐的书

托马斯·弗里德曼 著 湖南科学技术出版社 2006.11

1492年，哥伦布受西班牙国王资助进行了环球航行，在完成了这史无前例的环球旅行后，他骄傲地宣布，世界是圆的。自这次具有里程碑意义的航行完成，我们的世界也就拉开了全球化的序幕。500年后，托马斯·弗里德曼从美国东海岸出发，一路向东环游世界后回到美利坚，结合沿途所见所感，写下了这本《世界是平的》。

在书中，弗里德曼以其独特的视角，分析了21世纪初开始的全球化进程。他认为，在我们睡大觉的时候，世界正在发生着惊人的变化：整个世界正在被“十辆推土机”抹平，肤色以及东西方的文化差异，已经不再是合作或竞争的障碍。平坦后的世界，竞争环境变得公平了，大家的机会也都渐渐变得越来越均等了。这些观点启发着人们：该如何面对这场正在发生的不以个人意志为转移的全球化变革，如何调整自己来迎接这场变革。

这本书与其说是介绍经济全球化的书，不如说是一本以经济全球化为主题的长篇新闻通讯加狂想。伴随着这些观点，《世界是平的》迅速掀起了全球化的研究浪潮。时至今日，《世界是平的》仍被很大一部分人认为是全球化的基本读物。但随着时间的流逝，质疑的声音也越来越多。汇丰银行首席经济学家、英国下议院财政委员会专家顾问简世勋以一本《世界不是平的》开启了对托马斯·弗里德曼权威性的挑战。美国前财长劳伦斯·萨默斯评价《世界不是平的》，是“关键时刻的一本非常重要的书籍”，同时《金融时报》、麦肯锡等也将其拉入2018年度商业图书书单。越来越多的人怀疑，我们的世界真的被“抹平”了吗?

《世界是平的》封面

站在今天回望，或许经历过这些年的人们都会有另外一番滋味。《世界是平的》一经出版，便成了享誉全球的现象级畅销书。《华盛顿邮报》曾称这本书“展现了弗里德曼深入浅出地分析深奥的经济现象的才能以及他洞察世界发展潮流的天分。”“读起来让人爱不释手”。比尔·盖茨也多次向员工推荐这本书，他说，这是所有决策者和企业员工的一本必读书。很多人曾言之凿凿地宣称从这本书中看到了未来，了解了我们的世界的走向。但是，时间终将无情地告诉我们，没有什么比预言未来更危险的，尤其是在这样一个急剧变化的世界里。

虽然世界是平的这个观点在现如今看来有些站不住脚，但书中的一些语句仍能给我们带来启示：

在非洲，瞪羚每天早上醒来时，
它知道自己必须跑得比最快的狮子还快，
否则就会被吃掉。
狮子每天早上醒来时，
它知道自己必须超过跑得最慢的瞪羚，
否则就会被饿死。
不管你是狮子还是瞪羚，
当太阳升起时，你最好开始奔跑。

《中国可以说不》

——传达崛起民族的自尊、自强、自立与自信

宋强　等著　中华工商联合出版社　1996.5

1996年的夏天，北京持续着高温的天气，而比这天气更热的，是一本名叫《中国可以说不》的书。同年，《新周刊》的创刊号在封面上打出了大标题——“《中国可以说不》震动西方世界”。宋强、张藏藏等名字对今天的我们来说可能有些陌生，但在当年他们却创下了一个神话——该书销量超过700万册，被译为8种文字，吸引过全球上百家媒体的报道。“中国可以说不”成为了热血青年们谈论最多的话题。五位作者用犀利的文字批评了80年代曾一度存在的民族虚无主义，对冷战后的全球化时代中我国的一系列国际政策做出了理性的评价。

《中国可以说不》封面

也许是巧合，就在这一年，“台海危机”爆发，特殊的时代背景，让一些海外媒体甚至认为《中国可以说不》是我国政府进行宣传的读物。书中做出的一系列预言成为大街小巷的谈资：“不出10年，最多15年，西方资本主义世界必然要出大问题”“21世纪将是一个属于中国人的世纪”“世界上的一切和平进步，无一不得惠于中国的功德”等。站在今天的角度回望，我们惊讶地发现，这本书的预言是何其准确。

不只是书中的观点犀利，书的封面也强烈地表达出了作者的诉求。象征中国的万里长城和象征美国的自由女神像在封面上展现出了强有力的冲击感。虽然从今天来看，这个封面是不合适的，但是在那个时期，恰恰刺激了大国崛起之初的国人，反美反西方的思潮也随之有了稳固的心理基础。

西塞罗曾经说过：“历史是记忆的生命。”中国是一个有着漫长历史，有着灿烂文明的国度。她风风雨雨地走过数千年历程，时至今日，正在完成一个大国向强国的蜕变。《中国可以说不》传达给现在的我们的，或许正是一个崛起的民族的自尊、自强、自立与自信。

“

新世纪的争论热点往往围绕着一些畅销书。畅销书好的一面是让很多草根作者可以发表自己丰富多彩的见解，例如《百家讲坛》的系列图书就吸引很多人去读历史，掀起读史的热潮。但这种读史热与20世纪90年代的不一样，它是“娱乐化”的，以取悦读者和观众。这种取悦方式很可能会改变以往的阅读方式和阅读品位，使我们对历史、文学、思想、文化失去敬畏之心。

这一时期，文化分层的趋势也越来越清晰，每一种类型的阅读都有了明晰的阅读圈子。有学者将这种阅读概括为由一元走向多元、由明确走到个体的自由选择。

2009年4月，《小团圆》的出版再次引发了张爱玲热。而1985年重新影印出版的《传奇》，是张爱玲的著作第一次以完整面貌出现在1949年以后的中国。20 世纪90年代，安徽文艺出版社又出了4卷本的《张爱玲文集》，这个版本更全一些，发行量更大。张爱玲的小说布局精巧，构思谨严，任你如何推敲，总归滴水不漏。她驾驭语言真是得心应手，繁则极尽秾艳，简则极尽洗练，一律应付自如。评论家每每以题材渺小或狭隘为缘由，轻言她不够伟大，然而，伟大实在是不在表面，在于对人性更深层次的揭示。张爱玲把人性的善与恶都刻画到了极致。

”

《小团圆》

——万转千回后的幻灭

张爱玲 著　北京十月文艺出版社　2009.4

“九莉快三十岁的时候在笔记簿上写道：‘雨声潺潺，像住在溪边。宁愿天天下雨，以为你是因为下雨不来。’”《小团圆》的开头，雨下在九莉的天空，也下在张爱玲的心头。

这部被认为有自传性质的遗作于2009年首次出版时，距离张爱玲离世已十余年了。小说的女主角九莉在新旧时代冲击的传统家族中长大，又到修道院女中读书，进而与身为汉奸的有妇之夫邵之雍陷入热恋。九莉的性格、人生经历让人很容易将其与张爱玲挂钩，男女主角的恋情更宛若她与胡兰成。熟知张爱玲生平的专家和读者，大多认为这部小说就是有关张爱玲自己的成长小说。虽然她口口声声说自己写《小团圆》是一个“热情故事”，可从故事叙述的笔调来看，依旧是张爱玲最拿手的“万转千回后的幻灭”。在这里，她表达了“完全幻灭了以后还有点什么东西在”。

除了九莉的三段恋情外，也有大量笔墨写九莉与母亲及姑姑的关系。作家止庵说《小团圆》是张爱玲对她一生中各种感情的全面清算，“而归根究底是清算她和她母亲的关系，这也是真正贯穿小说始终的主线”。张爱玲和她母亲之间有一种特殊的关系：母亲离婚，出国，开始个性解放，真的过起“自己”的日子，她的世界里面没有女儿张爱玲。她对张爱玲的关爱，太远了觉得好像没有尽到责任，但太近了又接受不了——有一次她在过马路时牵起了张爱玲的手，却感到浑身不舒服，一到对面就马上松开了。对这件事，张爱玲甚至不客气地写下“恶心”二字。张爱玲还一直想着要还母亲花在她身上的钱，所以后来即便胡兰成以为她也图钱，她都没有把钱还给胡兰成，而是留着等待母亲回来。母亲一直在环游世界，教会她的只是整理行李，她们一直在离别。母亲在临终之际给张爱玲写信想要见最后一面，张爱玲没有去，或许她觉得这和平常有什么分别吗，何必再见最后一面。张爱玲的刻薄不是针对谁，而是任何人，包括她自己。她最后对于她和母亲关系的总结是“我这样对她，我也一定没有好下场。”《小团圆》以九莉晚年的一个美梦结尾，梦里，心爱的之雍来找她了，他们还有了个孩子。二十年前的影片，十年前的人……她醒来快乐了很久很久。然而“这样的梦只做过一次，考试的梦倒是常做，总是噩梦。”这场梦的背景恰恰是九莉绝对不能要小孩，因为她不想她和她母亲的关系重演。

《小团圆》封面

“大考的早晨，那惨淡的心情大概只有军队作战前的黎明可以比拟，像《斯巴达克斯》里奴隶起义的叛军在晨雾中遥望罗马大军摆阵，所有的战争片中最恐怖的一幕，因为完全是等待。”书的结束段跟开始段一样，但先读到的和后读到的感觉肯定不同。或许张爱玲早就知道结局，但她还是在等待，她等母亲，等父亲，等胡兰成，等了很久，却最终什么都没有等到。

在另一个圈子里，“李零热”正在盛行。从《简帛古书与学术源流》到《花间一壶酒》《兵以诈立》，再到《丧家狗：我读<论语>》，他已经持续多年在阅读界产生影响。

时间来到2012年，这一年的10月11日，瑞典文学院宣布，将这一年度诺贝尔文学奖授予中国作家莫言。中国文学界认为，莫言的获奖是世界对中国现代文学的肯定，这将推动中国文学的发展，他们认为，莫言的获奖还打破了我们心中对诺贝尔文学奖过度崇拜的情节，抚平了中国文学爱好者和中国作家曾经心中的痛。

莫言：讲故事的人

——中国第一位诺贝尔文学奖获得者

瑞典文学院2012年10月11日宣布，将诺贝尔文学奖授予中国作家莫言。瑞典文学院当天在一份新闻公报中说："从历史和社会的视角，莫言用现实和梦幻的融合在作品中创造了一个令人联想的感观世界。"

莫言的成就可以说反映了新时期文学40多年来所取得的长足进展。中国当代文学语境里，包括读者和批评家，提到外国作家和中国作家常常是两种眼光，对前者总是想当然觉得伟大，对后者则不会这样想当然。莫言获奖，能对大家的文学眼光以及文学关注点有所调整，同时，可以有效地释放某种"被认同"的焦虑症。

莫言的作品繁多又都具有重量。其代表作有：《红高粱》《檀香刑》《透明的红萝卜》《丰乳肥臀》《天堂蒜薹之歌》《十三步》《酒国》《食草家族》《红树林》《爆炸》《四十一炮》《生死疲劳》《蛙》等。

在我们阅读他的作品时，特别是以高密东北乡为背景的小说，我们会发现他运用儿童视角、弱智视角的叙事方式是最多的。莫言在谈到这一点时说："以前我没有意识到，后来被别人点破后我才发现采用儿童视角讲述故事原来是我的一种潜意识。我想这可能和一个作家的出身、经历、生长环境及其创作心理有关系，是非常复杂的。少年岁月吃的苦，生活环境的寂寞荒凉，无人理睬却又耽于幻想，所有这些都使我从小就对周围的世界充满了观望和想入非非。而在这种情况下，儿童视角就成了我讲述故事的首选。然而，尽管我一直采用这一方式来构造故事，但却一直没能将这种方式用到极致。"因此在他的小说里，我们看到了一些精灵似的孩子，《红高粱家族》中的"我爸爸"、《丰乳肥臀》中的上官金童、《檀香刑》中的赵小甲、《透明的红萝卜》中

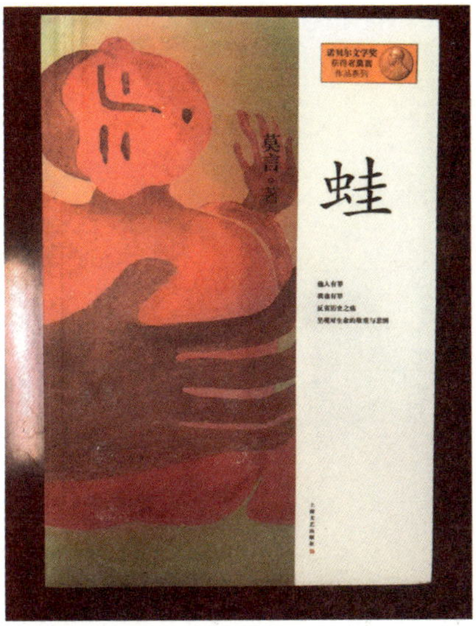

《蛙》封面

的小黑孩、《四十一炮》中的罗小通、《梦境与杂种》中的柳树根与柳树叶、《酒国》里的一个小妖精等。

莫言的小说，在结构上随心所欲，但他不会做“单纯”“集中”之类的奴隶，而是哪儿有“味”就往哪儿写。因此也就避免了单调和呆板。反而还常常在环顾左右时能妙趣横生，在闲情逸致中有神来之笔，在艺术上最容易全军覆没之处铤而走险出奇制胜。

莫言的表面，嘴角下垂，眼睛眯起，自然就是温和的笑模样，似乎是不会回绝任何人，也不能有什么脾气，而他骨子里却又是极有清高，极有自尊与不屑的，它们只能被潜藏、掩埋着。他的内心有一种强大的承受力，写到小说中，才有一种强大的畸形。

读莫言的小说，你可以从任何一页的任何一行读起，它首先征服你的，并不是故事和人物，而是语言本身。那一个个字都像是在叫着喊着，笑着跳着，活鲜鲜水灵灵地来拉你，拽你，不知不觉你就跟着它们扑进了那一片语言的精彩斑斓的波浪，心旷神怡地遨游起来。

第九章

网络文学

1998—1999年，一年时间内，中国网民数量从110万激增到400万，互联网的高速发展，为网络文学的产生和流行奠定了基础。1999年，一些年轻人在网络上已与一部名为《第一次的亲密接触》的小说“亲密接触”；也有一些文学爱好者，被一个名为“榕树下”的文学网站所吸引，踊跃注册并发表了自己的第一篇网络文章。

随后，起点中文网、幻剑书盟等文学网站兴起，网络文学的作者、作品也如雨后春笋一般映入公众视野。这一时期，以《诛仙》为代表的玄幻小说开始风行，众多青少年每天都在网上，像等电视剧更新一样，等待小说作者上传新的章节。接着，以《鬼吹灯》《盗墓笔记》等为代表的盗墓题材小说出现，掀起“盗墓文学”之风。而以《明朝那些事儿》为代表的历史小说，更是吸引了诸多原本游离在网络之外的读者加入到了网络文学的阅读中。

《诛仙》

——后金庸时代的武侠圣经

萧鼎 著　朝华出版社　2005.6

天地不仁，以万物为诌狗！

这世间本是没有什么神仙的，但自太古以来，人类眼见周遭世界，诸般奇异之事，电闪雷鸣，狂风暴雨，又有天灾人祸，伤亡无数，哀鸿遍野，决非人力所能为，所能抵挡。遂以为九天之上，有诸般神灵，九幽之下，亦是阴魂归处，阎罗殿堂。

于是神仙之说，流传于世。无数人类子民，诚心叩拜，向着自己臆想创造出的各种神明顶礼膜拜，祈福诉苦，香火鼎盛。

2003年，萧鼎用这段话向我们展示了一个全新的世界——玄幻世界，《诛仙》也成为众多网络小说爱好者无人不知，无人不晓的经典作品。自其开始连载，点击量直线飙升，直至2005年《诛仙》登顶网络小说排行榜第一名。萧鼎用他天马行空的想象、雄健恢宏的叙事，让《诛仙》迅速成为玄幻文学的巅峰之作，并被冠以“后金庸时代的武侠圣经”。如今，《诛仙》的网络点击已经超过三亿人次。它的风靡也带动其他玄幻小说的走红。只要关注网络文学原创网站便不难发现，玄幻题材已经成为一支强势的、不容忽视的书写形式。

萧鼎曾说“我出自草莽，写作是为了娱乐，我写得高兴，别人读得也高兴。”《诛仙》由于内容上带有爱情、武侠等多种娱乐因素，其本身就很适合用来满足读者的日常消遣、休闲娱乐。同时，网络的普及也为玄幻小说的发展和流行提供了丰厚的土壤。从本质上看，玄幻小说的“娱乐化”与网络文化的草根文化、通俗文化是不谋而合的。

《诛仙》封面

《鬼吹灯》

——掀起一波“盗墓”之风

天下霸唱 著 安徽文艺出版社 2006.9

继“玄幻小说”之后，网络文学界掀起了一波“盗墓”之风。2006年，一个名为“天下霸唱”的ID开始在“天涯社区”连载一部名为《鬼吹灯》的小说，主要讲的是盗墓寻宝，连载不久，就受到网友追捧。

小说中作者首创四大盗墓门派——摸金、卸岭、发丘、搬山，其中摸金是技术含量最高，规矩最多的门派。“人点烛，鬼吹灯”便是传说中摸金派的不传之秘，意为进入古墓之中先在东南角点燃一支蜡烛才能开棺，如果蜡烛熄灭，须速速退出，不可取一物。相传这是祖师爷所定的一条活人与死人的契约，千年传承，不得破。

小说就是以这些冒险故事，讲述一个个生死轮回的千古之谜 、消逝的千百年文明、尘封的古老遗迹的。作者常选择偏远、神奇神秘的地区作为故事发生地点，如新疆楼兰，陕西秦岭，昆仑山脉，大兴安岭地下要塞，戈壁沙漠等，在他的叙述中于是就既有旖旎的南北风光，又有惊天动地、引人入胜的搏斗场面，加之作者用网名与读者进行交流，玄之又玄的身份，引得不少网友怀疑作者就是“摸金门派”中人，更是平添了作品的神秘感。

以《鬼吹灯》等为代表的盗墓小说凭借着网络媒介迅速发展，成了一种不可忽视的文学现象。曾有人这样概括盗墓题材，“比武侠多几分想象力，比纯文学多几分故事情节，比言情多几分惊悚和悬念，比一般网络小说多几分知识含量。”在《鬼吹灯》《盗墓笔记》之外，现在已鲜有盗墓题材的小说可以在网络上引爆，但“人点烛，鬼吹灯”的故事依然留下了属于自己的一页。

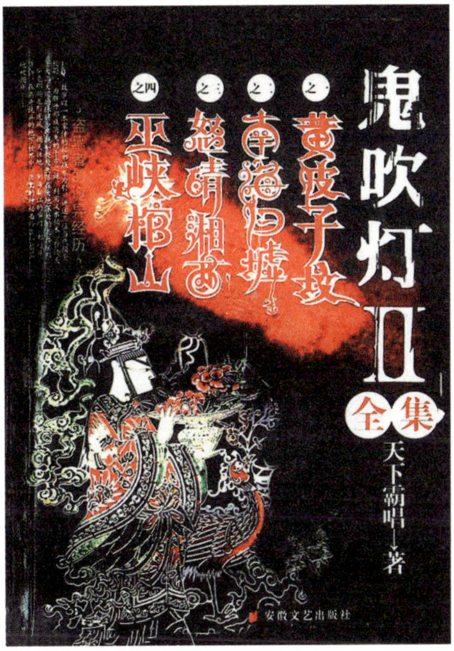

《鬼吹灯》封面

《明朝那些事儿》

——学术著作居然可以这样写！

当年明月 著　中国友谊出版公司　2006.9

任何一个王朝，它的开始就注定了它的结束。2009年3月，当年明月敲下《明朝那些事儿》的最后一个字，也宣告着明朝三百多年的历史在他的字里行间画上了句号。那些在几百年前发生的大事小事在他笔下被描绘得生动鲜活，引人入胜。这部2006年就开始出版的网络历史小说畅销五年，销量突破千万，至今仍霸占畅销书榜前10名，形成了一股强劲的明史热。2006年的文化界，是一个属于明朝的年份。

当年《万历十五年》以新异的方式出现时，引起了人们惊呼："学术著作居然可以这样写！"而《明朝那些事儿》的横空出世，在天涯论坛"煮酒论史"一开始连载便以它那种通俗易懂的讲史方法吸引了大量点击，读者纷纷感慨"历史原来还可以在网上写"。谁也没有想到，在无数都市小说和校园言情的包围下，网络小说中还可以出现历史类题材。自此，当年明月在网络文学江湖中声名显赫，并很快出版了纸质图书，此后一发不可收拾，连出7本。随后，越来越多的人加入网络文学创作行列，不只是天涯论坛内部的"煮酒论史""莲蓬鬼话"，其他网络平台如新浪、搜狐、凯迪等也先后涌现一批又一批优秀的网络作家，他们的成功，标志着网络文学的发展进入提速阶段。可以说，《明朝那些事儿》或多或少推动了一些文学青年通过网络实现自己的写作梦想。

《明朝那些事儿》的成功，虽与天涯论坛的凝聚力息息相关，但其内容仍然是最主要的。记录历史通常是史记、教科书、戏说三种方式，当年明月在历史和小说、正史和戏说、历史学术和影视历史剧的结合上找融合点，以白话历史、好看历史的理念去写历史，他自己称之趣味史学。他将明朝的历史写成一个大舞台，你方唱罢我登

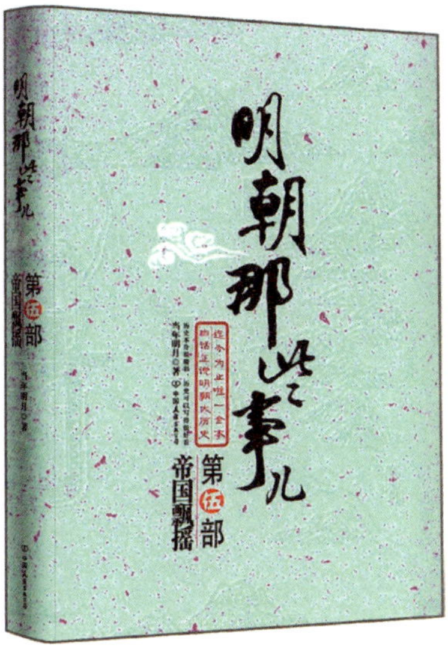

《明朝那些事儿》封面

场，各个演员为了相同的目的，扮演着不同的角色，共同组成了这个精彩纷呈的历史故事，就好似杨慎的诗中所言：滚滚长江东逝水，浪花淘尽英雄。……一壶浊酒喜相逢。古今多少事，都付笑谈中。当前明月的文字风格轻松明快，像在讲故事，让不看历史和长篇的人也愿意看，即便是初中，甚至小学文化的人也能够看懂、喜欢看。这部书几乎具备了流行文学传播的一切因素，它颠覆了传统历史小说的叙事话语，融合历史名词、行业术语、政治话语、民间俗语、生活用语、网络流行语等，用“大杂烩”“一锅煮”方式“轻松”表述纷繁复杂的历史，呈现幽默、戏谑、调侃之风格，历史书能够成为老百姓津津乐道的流行读物，当年明月的通俗历史写作起了不可回避的作用。

虽然前有赫连勃勃大王（天涯社区另一名帖作者）的奋力打压，后有人大教授张鸣的强烈批评，这股“历史热”和90年代初以黄仁宇、顾准为代表的第一波历史热也无法相提并论，但《明朝那些事儿》确确实实起到了启迪民智的作用。我们应该做的，恐怕不是打压这种写作风潮，而是去提醒、去督促年轻的作者们要负责任的去写一部部生动的信史。

“

进入繁荣阶段，网络文学类型进一步细化。言情作家顾漫通过《何以笙箫默》一举成名，而后凭借《微微一笑很倾城》获得“中国网络文学节”最佳作者奖，她的新作《骄阳似我》也受到读者追捧；网络作家流潋紫则是在历史小说中找到了一种新的细化类型——大女主历史，她的代表作《后宫·甄嬛传》在上传后不久就获得数十万女性网友关注；随着金子的一部《梦回大清》红遍各大网站，穿越小说也开始占据各文学站点的排行榜；几年后，蝴蝶蓝创作了《全职高手》，他利用作品的可拓展性出售动漫、游戏以及影视剧等的改编权，为网络文学界找到了一条新的出路——IP（知识产权）变现；接着，《法医秦明》横空出世，拯救了一路下滑的悬疑小说。

”

《全职高手》

——网络文学界找到了一条新的出路

蝴蝶蓝 著 湖北少年儿童出版社 2012.4

如果说有一部小说，它的同人（指“自创、不受商业影响的自我创作”）作品在各大网络论坛都占有一席之地；还被改编成动漫、漫画、舞台剧、游戏，甚至是电影和电视剧，那么，这部小说一定是《全职高手》。

从2011年2月在起点中文网发表《全职高手》第一章到2014年完结，网络作家蝴蝶蓝自己可能都不会想到，“全职”的招牌可以火到现在，而以网络游戏为题材的网络小说又再次被点燃。网游小说的起源可以追溯到网络游戏的开始，可以说，玩家对网游的狂热催生了网游小说。在《全职高手》之前不是没有成功的与网游相关的小说，比如顾漫的《微微一笑很倾城》，故事就是男女主人公在网游中相识、相知、相爱。类似《第一次亲密接触》的模式，言情小说中的才子佳人变成了互联网时代的“郎才女貌”。但《全职高手》不一样，它全篇没有爱情线，即使是最像男女朋友的叶修和苏沐橙，作者也从未露出哪怕一点点的口风说他们是情侣，只有两人同吃一碗泡面的一幕被读者们津津乐道——但也仅限于津津乐道。

这部小说创造了一个非常纯粹的竞技环境，在其中，我们很难找出一个绝对的坏人。可以说，《全职高手》的题材和写作手法是对所谓“主流网络小说”的叛逆。曾有网友如此评价，“‘全职’如果是在男频作家手里，就是一个叶修开了一个大后宫顺便拿了一个冠军的故事。而如果是一个言情作家来写，就是苏沐橙与霸道总裁爱上我的剧情了。”虽是调侃，但也从侧面反映了主流网络小说的价值取向，即不论故事背景是仙侠修真还是奇幻武侠抑或是现代都市，也不论主角的出身、能力和性格如何，所有故事情节都是一个模式：主角会变得强大，他的追随者也会变得强大，而他的敌

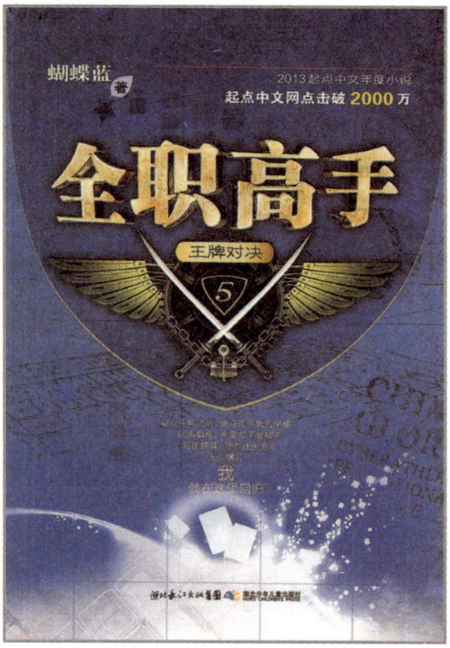

《全职高手》封面

人无论变得如何强大都难逃惨死，所有的异性角色都会爱上主角……在这样内容同质化的“漩涡”中，蝴蝶蓝创作了网文界难得的群像小说，书里每个人都是主角，每个出场的人物都有自己的个性或者独特的标签，人物众多却没有“面目模糊”。作者对人物和故事的精心雕琢，在当时的网文环境下，小说引起关注也是理所应当的。

随着地图流或者套路流小说的流行，《全职高手》的网游设定可能已经失去其优势，但当读者同小说中的角色们一起完成一场“热血”，一场“盛宴”，冲破一切阻挠时，已经足以圆彼此年少之时在心中默默种下的那一场幻梦了。

《法医秦明》

——眼睛看到的不一定真实

法医秦明 著 湖南文艺出版社 2012.10

2016年，一部体裁新颖的网剧强势走红。在剧集更新一半的时候，网络播放量就已经突破2亿，同时引爆了微博和朋友圈，它就是改编自同名小说的《法医秦明》。随着网剧的霸屏，这部悬疑网络小说也获得了持续的关注。

2012年春节，刚刚踏上法医工作岗位的秦明，挤出工作的闲暇时间，记录下他工作中遇到的案件，遇到的非议，以及来自社会各类人群的评论，开始在天涯上更新一部名为《鬼手佛心——我的那些案子》的小说。这部小说的特别之处在于，不仅仅是为满足读者的好奇心，而是试图普及一些法医学的知识，诸如尸斑是怎么形成的，钝挫伤的刀口是什么样的，如何利用尸块找到死者的身份信息等等，他告诉读者在日常生活之外，还存在着另一种真实，那就是：眼睛看到的不一定真实，只有用手术刀才能解读死者最后的语言。于是，读者越来越多，忠实读者的数量更一再攀升。同年9月，这部小说出版，更名为《尸语者》。此后，秦明又陆续创作了《无声的证词》《第十一根手指》《清道夫》《幸存者》

“法医秦明”书影

等几部“法医秦明”系列小说，一跃成为国内最畅销的悬疑小说作者之一。

秦明以亲身感受、真实案例和朴素的文笔带领读者一同进入案发现场和尸检现场。他首先是一名法医，他的一个个工作的细节让我们了解到，破案，不仅只是警察抓坏人的惊险刺激，更有法医、痕检人员背后的努力。在秦明的小说中，读者如同用专业法医的视角，破案解谜。有读者说：“看惯了刺激惊悚的小说，第一次看这种看似平淡却很专业的小说，让我对法医有了重新的认识。”蔡骏说过，悬疑作家要“兼具感性思维与理性思维，要有丰富的想象力和一定的文字功底，要有丰富的知识背景”。而这三点在秦明的身上都有体现。

“

一切事物，存在即合理，但也有着它利与弊的两面。有人说，网络文学是改革开放40年的奇迹。无论从风格、题材还是写作手法上，很多文学上的新尝试，或者说未必能被传统文学所接受的新内容和新形式，或多或少，通过网络的传播，都得以展现出来。从文学爱好者凭借个人爱好在BBS上贴心情文字到网络作家在网上写小说收入百万，网络文学以它惊人的速度发展的同时也带动了游戏、动漫、影视等相关产业。在经历商业化、产业化、娱乐化甚至多元化的发展，网络文学也开始走向国际化。中国的网络文学发展太快，快得顾不上“修枝剪蔓”。特殊的生长环境，导致网络文学太注重读者的感受，也就容易走向低俗媚俗。和传统文学一样，网络文学同样适用于思想性、艺术性和可读性三性统一的评判标准，而到了走向世界的阶段，网络文学似乎也应该真正提高内容品质，担负起社会责任与时代使命了。

”

第十章

主题出版

围绕一个主题开展系列出版，这在中华人民共和国成立之初就有了，随着市场的不断成熟，主题性的系列出版逐渐被各大出版机构所重视。如之前各大出版机构出版的马列主义、社会主义思想等明显具有主流倾向的图书，改革开放后人民出版社、中国青年出版社、人民教育出版社等出版机构开展的主题活动等，都可以视为主题出版的雏形。但这些早期的主题出版只是个别出版机构，或者是专业领域内若干出版机构的自发行为，没有形成整个出版行业的集体共识。2003年，原国家新闻出版总署实施主题出版工程，明确了主题出版是“围绕党和国家工作大局，就一些重大会议、重大活动、重大事件、重大节庆日等主题而进行的选题策划和出版活动”。随后，主题出版精品迭出，呈现出百花齐放的繁荣局面。

《习近平谈治国理政》（第一、二卷）

——读懂当代中国和中国共产党的一把钥匙

习近平 著 外文出版社 2017.11

“我最大的爱好是读书。”近年来，习近平在国内外不同场合，不止一次讲述过他的读书故事。从毛泽东开始，中国爱读书、会读书的国家领导人不胜枚举。习近平爱读书至少可推溯到1969年。那年他16岁，在黄土高坡上，开始知青生涯，读书不辍。“爱看书”“好学”，是他留给陕北梁家河村老乡们的印象之一。他们记得，他“带一箱子书下乡”，在煤油灯下看“砖头一样厚的书”“有时吃饭也拿着书”。习近平在谈到自己的爱好时说：“我个人爱好阅读、看电影、旅游、散步”“现在，我经常能做到的是读书，读书已成了我的一种生活方式”。

《习近平谈治国理政》（第一、二卷）、《之江新语》《摆脱贫困》等是习近平的著作，也是读懂他个人和习近平新时代中国特色社会主义思想的最佳切入点，其中，最重要的系列就是《习近平谈治国理政》（第一、二卷）。第一卷，收录习近平在十八大闭幕后至2014年6月13日的讲话、谈话、演讲、批示、贺电等79篇，分18个专题。第二卷，收录习近平在2014年8月18日至2017年9月29日期间的讲话、谈话、演讲、批示、贺电等99篇，分17个专题。

截至2017年11月，《习近平谈治国理政》（第一卷）已发行24个语种、27个版本，第二卷已发行中文简体、中文繁体、英、法、西、德等10个文版，全球发行量超过1000万册。参与翻译工作的外文出版社改稿专家大卫·弗格森说：“这两本书是中国领导人第一次用这么多种语言向全世界读者传播他的理念和思想。”法国前总理拉法兰在博鳌论坛期间曾手持此书请习近平签名；柬埔寨首相洪森希望获得《习近平谈治国理政》电子版，方便在手机上反复阅读；越南国家政治出版社为所有司局级干部配送《习近平谈治国理政》。中共十八大以来，越来越多的目光投向中国，探究中国

《习近平谈治国理政》（第一、二卷）

的发展道路，关切中国发展将给世界带来怎样的影响。于他们来说，《习近平谈治国理政》是他们读懂当代中国和中国共产党的一把钥匙。

“天人合一”“和而不同”“治大国如烹小鲜”……习近平常从人文理念中汲取治国理政的思想智慧，他还用“鞋子合不合脚，只有穿鞋的人自己才知道”，说明一个国家的发展道路合不合适，只有这个国家的人民才最有发言权；在德国，他引用歌德的《浮士德》，指出中国不是可怕的“墨菲斯托”；用“坚持‘老虎’‘苍蝇’一起打”，表明中国政府以零容忍态度惩治腐败的决心。《习近平谈治国理政》中包括关于改革、发展和稳定的关系，政治、经济和社会改革的关系，中央和地方的关系，内政与外交的关系等，包括关于改革开放、创新驱动、外交方针、国防建设、群众路线、反腐倡廉、选贤任能等许多问题的论述，都充盈着浓郁的人文情怀，闪烁着历史文化光芒，习近平用简洁真诚的语言，生动形象的比喻，让世界理解中国从哪里来、将向何处去。

在这部著作里随处可见这样的话：“让老百姓过上好日子”“走共同富裕道路，小康路上一个也不能少”“人民对美好生活的向往，就是我们的奋斗目标”……坚持人民主体地位，尊重人民首创精神，始终为人民代言、为人民立言，是中国共产党执政的根本价值取向，也是习近平新时代中国特色社会主义思想的根本立场。在第一卷附录《“人民群众是我们力量的源泉”——记中共中央总书记习近平》中，我们可以知道，习近平从基层做起，在不同岗位上接受磨练的经历让他能真正了解人民的生活。因此，读懂习近平对人民怀着的最质朴的情感，就不难理解他为何能成为受到衷心拥戴的人民领袖。

“亲、诚、惠、容”，是习近平在2013年周边外交工作座谈会上提出的外交理念，此后，这四个字在习近平的公开讲话和文章中多次被提及。他还提出建设“新型大国关系”“丝绸之路经济带”“21世纪海上丝绸之路”等一系列具体的共赢战略。从“真、实、亲、诚”到“亲、诚、惠、容”，从建立“全球发展伙伴关系”到“牢固树立命运共同体意识”，《习近平谈治国理政》传递出的是中国始终走和平发展和合作共赢道路的强烈信号，也展现了习近平对人类未来发展的睿智思考和独特创见。

歌德曾经说过：“读一本好书，就是和许多高尚的人谈话。”在《习近平谈治国理政》中，还可以读到很多知识：历史的、艺术的、文化的，涉及中华文明、区域历史、全球政治……读懂了这部著作，才能真切触摸到中国发展与变革的梦想，深刻理解中国领导人的所思所行以及他领导的国家所选择的道路、所追寻的方向。

《中国共产党的九十年》

——既“求历史之实”，又“求历史之是”

中共中央党史研究室 著 中共党史出版社党建读物出版社 2016.7

“欲知大道，必先为史。”我国历届领导人都高度重视党史学习和党史研究。早在新民主主义革命时期，毛泽东在《如何研究中共党史》中就指出，“如果不把党的历史搞清楚，不把党在历史上所走的路搞清楚，便不能把事情办得更好”。中共十八大以来，习近平多次强调历史是最好的教科书，并把学习党史提到中国共产党推进党和国家各项事业必修课的战略高度，他指出“重视对历史的学习和对历史经验的总结与运用，善于从不断认识和把握历史规律中找到前进的正确方向和正确道路，这是我们党90年来之所以能够领导中国革命、建设、改革不断取得胜利的一个重要原因。”

1991年，由胡乔木指导、胡绳主编的《中国共产党的七十年》(以下简称《七十年》)，引领时代高度，成为当时一部具有权威性且影响很大的中共党史简明读本和党史研究者、爱好者的启蒙读物。25年后，中央党史研究室在中国共产党成立95周年之际再推出《中国共产党的九十年》(以下简称《九十年》)。在吸收《中国共产党历史》第一卷、第二卷和《七十年》精华，以及党史研究最新成果的基础上，将时间下限向后顺延，对1921—2012年中国共产党91年的历史作了梳理和回顾。全书分为新民主主义革命时期、社会主义革命和建设时期、改革开放和社会主义现代化建设新时期三册，共60余万字，中国共产党90多年的风云变幻、光荣梦想和苦难辉煌，一览无余，尽收眼底。

党史研究是一门具有鲜明党性的科学。1942年3月，毛泽东在《如何研究中共党史》一文中指出：“我们研究党史，必须是科学的，不是主观主义。”《九十年》坚持党性与科学精神的统一，既“求历史之实”，又“求历史之是”，其中：对新民主主义革命时期党的历史的把握，坚持了中共六届七中全会通过的《关于若干历史问题的决议》的精神；对社会主义革命和建设时期历史的把握，坚持了中共十一届六中全会通过的《关于建国以来党的若干历史问题的决议》的精神；对改革开放新时期历史的把握和改革开放前后两个历史时期之间关系的把握，贯彻落实了习近平关于改革开放前后两个30年的重要论述。

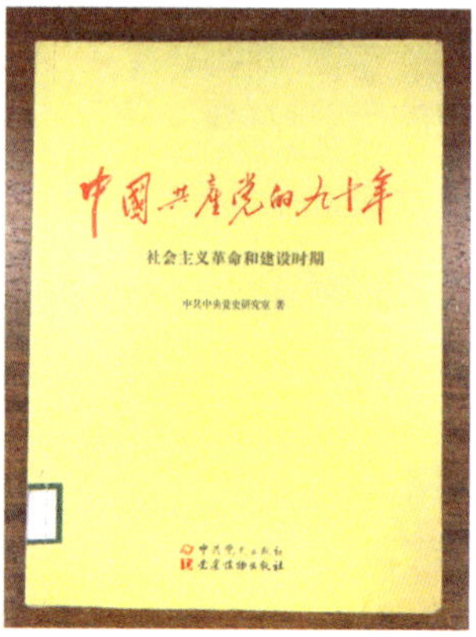

《中国共产党的九十年》

对于毛泽东同志的历史评价，是《九十年》举足轻重的关键一环。江泽民、胡锦涛、习近平3任总书记分别在纪念毛泽东诞辰100周年、110周年、120周年的重要讲话中，对毛泽东同志和毛泽东思想不断作出了权威的历史评价。习近平强调毛泽东同志是“马克思主义中国化的伟大开拓者”“毛泽东思想以独创性理论丰富和发展了马克思列宁主义。毛泽东思想教育了几代中国共产党人，它培养的大批骨干，不仅在新民主主义革命、社会主义革命、社会主义建设时期发挥了重要作用，也为新的历史时期开创和建设中国特色社会主义发挥了重要作用”。他的总结代表了党中央的最新和最高评价。习近平还第一次阐明：“我们党对自己包括领袖人物的失误和错误历来采取郑重的态度，一是敢于承认，二是正确分析，三是坚决纠正，从而使失误和错误连同党的成功经验一起成为宝贵的历史教材。”显而易见，这些重要讲话，为《九十年》写好有关毛泽东同志和毛泽东思想的相关内容，提供了历史观和方法论的指导。

《九十年》以历史本来面貌写历史，既充分反映中国共产党在革命建设改革中取得的伟大成就和积累的宝贵经验，又正确对待前进道路上经历的失误和挫折，其中，对“文化大革命”的研究，是《七十年》《九十年》面临的共同难题。比较而言，《九十年》多了几分冷静思考和理性精神，如《七十年》第八章题为“‘文化大革命’的十年内乱”，《九十年》修改为“‘文化大革命’的内乱和对内乱的抵制与抗争”，开篇删节了《七十年》对应部分对毛泽东同志个人的历史批判，直接阐述“文化大革命”的导火线。在历史评价上，更尊重史实，如《七十年》写道：华国锋、叶剑英、李先念等同志在粉碎“四人帮”的斗争中起了重要作用。《九十年》修改为：华国锋同志在粉碎“四人帮”这场关系到党和国家命运的斗争中起了决定性的作用，叶剑英、李先念、汪东兴等起了重要作用。其基本依据，源于2008年华国锋同志逝世时中央审定发表的《华国锋同志生平》所作的权威评价。

《九十年》对有代表性的历史虚无主义观点，例如，对国共两党在抗日战争中的地位作用问题，对延安整风的起因、过程、影响问题，对社会主义改造的历史评价问题，对1957年的全党整风与反右派运动问题，对“三年暂时困难”问题，对1976年10月至1978年12月的“两年徘徊”问题等，都用详实的历史资料予以批驳。

站在时代高度写历史，对历史进行重新审视，才能形成新认识、得出新结论。

《九十年》以中国特色社会主义理论体系的最新成果为指导，以中共中央关于历史问题的最新认识作为评价依据，深化认识，更好地总结经验、揭示规律，其中：第一章标题由“中国共产党的创立”改为“中国共产党的创建”。“创立”，侧重于初创建立；“创建”，侧重于初创建造。一字之变，重在过程。从背景阐述、章节合并、早期党员人数确定、创建意义的补充，开篇就将中国共产党历史的研究和阐述，建立在新高度之上。第四章增设一目“确定毛泽东思想为党的指导思想”，把《七十年》中稍嫌湮没在中共七大会议过程中的重大问题独立出来，体现了中共十八大以来党中央对毛泽东思想指导地位的坚持和发展。在此后再增设一个目“抗日战争的伟大胜利”，吸收了党史界、抗战史学界研究的新成果，反映2015年纪念中国人民抗日战争和世界反法西斯战争胜利70周年之际习近平系列重要讲话的历史评价和理论观点。

此外，《九十年》对新民主主义革命时期历史经验的总结、对“文化大革命”历史教训的总结、“结束语”对党的90年历史的总结，以及第一次完整概括长征精神、第一次精辟阐述中国人民的伟大抗战精神、第一次记录毛泽东同志向黄炎培等国民参政员阐述“跳出周期律”的民主精神、第一次褒扬“艰苦奋斗、奋发图强的创业精神”等，在史实订正和历史评价方面，《九十年》更趋科学、准确、客观、全面。

《中国改革开放全景录》

——一部凝聚改革共识的生动教科书

曲青山　黄书元　主编　人民出版社　2018.12

2018年，是改革开放40周年。40年的峥嵘岁月，中国“一步一个脚印”，如今苦尽甘来、繁荣富强、百业正兴。

1978年，中共十一届三中全会在北京召开，这一历史性的伟大转折，让中国正式进入改革开放的历史新时期；1978年，小岗村的18位农民，在土地承包责任书上按下红手印，翻开了中国改革开放的新篇章；1980年，国务院将深圳、珠海、厦门和汕头设为经济特区，引入先进技术，学习优质的人才培训管理经验；1988年，我国第一个高新技术产业开发试验区在北京成立，成为我国第一个以电子信息产业为主导，集科研、开发、生产、经营、培训和服务于一体的综合性基地；2010年，国家设立喀什经济特区，促进西部地区协同发展；2013年，中国（上海）自由贸易试验区正式成立，聚集更多高端制造业，促进产业转型升级；2017年，中共中央、国务院决定在河北设立国家级新区，雄安新区成为新时代城市风貌的标志；2018年，国务院发布指导意见，支持海南全岛建设自由贸易试验区并探索建设自由贸易港，以高水平的开放推动高质量的发展……

为庆祝、记录和留存这一伟大的变革，由中央党史和文献研究院与人民出版社共同组织编写，由人民出版社和全国各地方人民出版社出版的这套《中国改革开放全景录》丛书，牢牢把握改革开放40年历史的主题和主线、主流和本质，内容完整涵盖了从中共十一届三中全会至2018年的40年历史，包括中央卷1卷2册，31个省、自治区、直辖市各1卷，共32卷，900余万字。丛书史论结合，夹叙夹议，图文并茂，为改革画像、为先贤留名、为人民存史，成为2018年唯一一部列入中共中央关于庆祝改革开放40周年活动的重点图书。

这套丛书已是由人民出版社牵头、与全国各地方人民出版社联合出版的第三套“全景录”，此前还有2011年的《辛亥革命全景录》、2015年的《中国抗日战争全景录》。《中国改革开放全景录》在内容上，既关注所取得的成就，也关注创造成就的人，既聚焦40年，也放宽视野。对涉及的各地某一事件、人物的史实，要求由各地省委宣传部把关，对事件的理论表述、提法由各省党史办把关，每部书稿审完后由省委宣传部签字。在编校上，书中一些注释，必须用最新版、最权威的文献、报刊全部核正，所采权威出处包括文献、《人民日报》《习近平谈治国理政》第一卷最新版等，对于学术期刊“一概不用”，中央卷的编辑“能用文献的不用报纸”……丛书力求准确全面生动地记录历史、鉴往知来，是一部增强“四个自信”的经典力作，也是一部凝聚改革共识的生动教科书。

《中国改革开放全景录》(中央卷)(下)封面

改革开放走过风云激荡的40年，是一代代中国共产党人带领全国人民接续奋斗的结果。40年积累的宝贵经验，是今后前进道路上的指引。“行之力则知愈进，知之深则行愈达。”改革开放已走过千山万水，但仍需跋山涉水。面对新时代的“长征路”，还需要一代又一代中国人接过改革精神这根“接力棒”，一棒接着一棒跑下去。

《全面从严治党这五年：十八大以来党的建设和组织工作成就与经验》

——深入总结中共十八大以来党的建设和组织工作的成就与经验

中共中央组织部党建研究所组织编写　党建读物出版社　2018.5

“打铁还需自身硬。我们的责任，就是同全党同志一道，坚持党要管党、从严治党，切实解决自身存在的突出问题，切实改进工作作风，密切联系群众，使我们党始终成为中国特色社会主义事业的坚强领导核心。”2012年11月15日，新当选的中共中央总书记习近平在中外记者见面会上的讲话掷地有声。5年后，2017年7月26日，习近平在省部级主要领导干部专题研讨班上以“解决了许多长期想解决而没有解决的难题，办成了许多过去想办而没有办成的大事”来总结中共十八大以来的这5年。之所以能解决难题、办成大事，其中很重要的原因就是中国共产党坚定不移地推进全面从严治党。在新时代背景下，有必要系统梳理与总结中共十八大以来党的建设和组织工作的成就与经验。

2018年，由中共中央组织部党建研究所组织编写的《全面从严治党这五年：十八大以来党的建设和组织工作成就与经验》一书，分十三章，从不同侧面、分若干专题，深入总结中共十八大以来党的建设和组织工作的成就与经验，大量引用官方数据，最新图表信息，辅以党建新词热词，保证了说服力与可读性。

这本书的最大亮点，在于把总结中共十八大以来全面从严治党的丰富实践，与学习贯彻习近平新时代中国特色社会主义思想和党的十九大精神紧密结合，将“明确习近平总书记的核心地位，有力维护了党中央权威和集中统一领导”“创立习近平新时代中国特色社会主义思想，实现了党的指导思想的又一次与时俱进”“突出加强党的政治建设，党在革命性锻造中更加坚强”等新思想新要求新部署单独列章，突出了习近平总书记党中央的核心、全党的核心地位。

“坚持党要管党、全面从严治党”是中共党的建设的一贯要求和根本方针。从毛泽东到邓小平、江泽民、胡锦涛，中国共产党的领导都高度重视党的建设，对党要管党、从严治党都有重要论述。中共十八大以来，以习近平总书记为核心的党中央将全面从严治党作为抓党的建设的鲜明主题，狠抓、严抓。全书以新时代中共党的建设“5+2”总体布局为纲，将组织建设细分为干部队伍建设、基层组织建设、人才工作3个章节较为全面、系统、准确地进行了总结。

《全面从严治党这五年：十八大以来党的建设和组织工作成就与经验》封面

恩格斯说：“一个民族要想站在科学的最高峰，就一刻也不能没有理论思维。”在回顾5年来全面从严治党的基础上，这本书系统阐述了习近平提出的全面从严治党的6方面经验，并在各章节专门提炼总结党建各领域的经验性认识和规律性思考。既立足对已有成就和经验的梳理总结，又着眼为开创新局面凝心聚力；既系统回答“怎么看”的问题，又重点解析“怎么做”的路径。

5年来，“打铁还需自身硬”一诺千金，中共全面从严治党向纵深发展。5年来，率先垂范、以上率下，“打虎”“拍蝇”、整饬作风，从严治吏、完善党规……吹散了政治“雾霾”，党风政风为之一新。1949年3月23日，中共中央从西柏坡动身前往北京时，毛泽东说：“今天是进京赶考的日子。”2013年7月11日，习近平在西柏坡表示：“‘考试’仍在继续”，“雄关漫道真如铁，而今迈步从头越。”中共赶考70载初心不改，全面从严治党依然任重道远。

《一百个孩子的中国梦》

——现实是梦幻的摇篮，梦幻是现实的花朵

董宏猷 著 二十一世纪出版社 2016.7

夜空中挂着一颗颗闪烁的星星，像一双双灵动的小眼睛，一眨一眨地。孩子们正酣睡着，做着各种各样的梦。梦里，孩子们有的跟着爷爷用竹筒收集月亮、山风的种子，有的给可爱的蝴蝶买小被子；有的穿着五彩缤纷的泡泡裙给天空洗澡，有的和秦国的兵马俑嬉笑打闹；有的穿越到《清明上河图》中游玩，有的从步行时代到高铁时代全领略个遍……小孩子们的梦境真是千奇百怪，想象奇瑰，斑斓缤纷。

30年前，长篇梦幻体小说《一百个中国孩子的梦》问世，用梦的形式反映中国孩子的内心世界以及现实生活中的生存状态，在国内儿童文学界引起强烈关注，佳评如潮，获奖连连。2016年，《一百个孩子的中国梦》出版，也几乎同样包揽了各大图书推荐榜单和各类童书奖项。跨越三十年，同一位作者，同一种文体，前后相续，遥相呼应，起点高远，后来超越，在整个中国当代出版史上实属罕见。

这两本“梦”之书，都出自儿童文学作家董宏猷。“大胡子叔叔”是孩子们对董宏猷的爱称。只看他的外表，很难与儿童文学作家联系在一起，但这样粗犷的外表下，却包裹着敏感、温润、诗情，还有一颗率真的童心。从《一百个中国孩子的梦》到《一百个孩子的中国梦》，“中国”二字顺序的调换，赋予了后者新的时代意义。

曹文轩曾评论说，董宏猷在《一百个孩子的中国梦》中勾勒出的梦境，鲜明地反映了孩子们的童年生活。正如董宏猷自己说的：“我的梦幻小说，是‘梦幻现实主义’的萌芽，在我看来，现实是梦幻的摇篮，梦幻是现实的花朵。”

为了写孩子们的真实状态，他奔赴大西北采风，深入到小学，农家，黄河，高原，沙漠，去真实地感受黄河的怒涛奔涌，信天游的高亢入云，在窑洞与孤独老人促

膝谈心，与藏族、回族、土族等少数民族的孩子面对面交流。

在延安一个小镇的小学，董宏猷问一个女孩，有什么梦想？她说，去南方，找妈妈，叫妈妈回来。这些失去了妈妈的孩子的眼神，让他感受到虽然孩子们的物质条件越来越好了，但他们最需要的还是父母的爱。于是，就有了一个女孩的梦：《妈妈，回来吧》。

在腾格里沙漠边缘与一位最早参加治沙的老人聊天时得知，因为长期在沙漠里吃饭，一口饭，一口沙，牙就渐渐磨光了。中国长期坚持治沙的艰辛与成就让又一个孩子的梦在沙漠里萌芽了，那便是《爷爷的牙》。

与三十年前不同，全球化背景下的孩子们希望与牛顿、乔布斯对话，梦想着飞向太空，去考察火星。董宏猷写他们对中国梦、对世界梦的理解与憧憬，也写他们的格局与眼界；写应试教育给予孩子心灵的压力与阴影，也写手机病给人与人之间造成的隔膜……《一百个孩子的中国梦》几乎直面了孩子们今天面临的所有热点问题，不回避矛盾、疼痛与渴望。他说，中国梦是中国老百姓最实在的希望与追求，是世界对于中国现在与将

《一百个孩子的中国梦》封面

来的理解与期待。而孩子们的梦，是中国梦之根，是中国梦最基础也是最本真的渴望与表达，而矛盾、疼痛与渴望，恰恰是中国梦赖以生发的动力。

冰心先生曾说，在中国，搞儿童文学创作，就要耐得住寂寞，要坐得住冷板凳，要“冷水泡茶慢慢浓”。三十年过去，读董宏猷的文字依然能感受到他那样的童心灿烂，生气勃勃，那样的奇思联翩，童趣迭出。在当下儿童文学创作出版的商业大潮中，这样耐得住寂寞，坐得住冷板凳的创作无疑属于一种“苦役”，但他说：“那些真正植根于大地的茶树，那些深入茶山亲手采摘的茶叶，是愈泡愈香的。”正是这种不忘初心，回归本真，用文学传递诗性正义和童心无敌的力量，才能让我们守住灵魂的纯净与高贵。

《长征》

——思索中华民族的前途，思索国家的前途　　王树增 著　人民文学出版社　2006.9

1934年10月，有一群共产党人为了追寻理想与信仰，为了改变国家与民族的命运，带领着一支队伍以大无畏的牺牲精神，穿越千难万险，历时两年走出了一条光辉之路，创建了一个崭新的中国，这支队伍名叫中国工农红军，这条光辉之路名叫长征。80多年后的今天，当长征已如往事般渐行渐远，而长征留给我们的精神财富却历久弥新。

王树增的《长征》是一部全面反映长征的纪实文学作品，他查阅了大量的史料，实地采访了许多老红军战士，并从人类文明发展的高度让我们重新认识了长征的重要意义。书中的许多重大事件和资料都是首次披露，尤其是其中的感人小故事，让我们穿越历史时空看到了——

雪皑皑，野茫茫，

高原寒，炊断粮。

红军都是钢铁汉，千锤百炼不怕难。

雪山低头迎远客，草毯泥毡扎营盘。

风雨侵衣骨更硬，野菜充饥志越坚。

官兵一致同甘苦，革命理想高于天。

1934年10月,红一方面军作战部队8600多人踏上长征之路，1935年10月到达陕北吴起镇时，全军仅为近8000人。1935年4月，红四方面军近10万大军踏上长征之路，1936年10月到达甘肃会宁时全军33000多人。1935年11月，红二方面军

《长征》封面

21000多人从国民党30万大军的合围中冲出，踏上了长征之路，1936年6月到达四川甘孜与红四方面军会合时，全军15000多人。红二十五军——红四方面军撤离鄂豫皖根据地后留下的一支红军武装——1934年11月踏上长征之路，经过了数月的颠沛流离和艰苦转战，成为中国工农红军中第一支到达陕北的部队，全军兵力最多时不足8000人，最少时只有1000多人。

长征跨越了中国十五个省份，转战地域面积的总和比许多欧洲国家的国土面积都大。长征翻越了20多座巨大的山脉，其中的5座位于世界屋脊之上并且终年积雪。长征渡过了30多条河流，包括世界上最汹涌险峻的峡谷大江。长征走过了世界上海拔最高的广袤湿地，那片人烟罕至的湿地的面积几乎和法国的面积相等。在总里程超过25000里的长征途中，中国工农红军始终被数十倍于己的敌人追击、堵截与合围，遭遇的战斗在400场以上，平均每天急行军50公里以上。

作者讲述了这样一个故事：在地球的另一端，曾经出任美国国家安全事务助理的布热金斯基于1981年秋天宣布，他要来中国进行一次“沿着长征路线”的跋涉。他来了，带着他的全家走上了1934年中国工农红军走过的路。当这位西方政治家走到大渡河渡口的悬崖边时，他被这条湍急的河流和两岸险峻的崖壁震惊了，他被3万中国工农红军在10万多国民党军的追堵中渡过这条大河的行为震惊了。布热金斯基后来说：“对崭露头角的新中国而言，长征的意义绝不只是一部无可匹敌的英雄主义史诗，它的意义要深刻得多。它是国家统一精神的提示，它也是克服落后东西的必要因素。”——长征是突破了国度、阶级、政治界线的人类精神的丰碑。无论是哪一个国家或民族的人，无论用何种意识形态生活着，中国工农红军的长征给予人类的精神财富是走向理想所必需的永不磨灭的信念。

这就是长征。王树增说，长征是一个解读不完的历史事件，从任何角度解读都可以发现感动，而这种感动常常令读者思索中华民族的前途，思索这个国家的前途。

《文化经济学的“一带一路”》

——全面展示了“一带一路”研究和调研

赵磊 著 大连理工大学出版社 2016.5

“一带一路”倡议是中国国家主席习近平统筹国内国际两个大局，顺应地区和全球合作潮流，契合沿线国家和地区发展需要，立足当前、着眼长远提出的重大倡议和构想。从2013年“一带一路”倡议提出时，作者赵磊就开始主持、研究“一带一路”的课题，先后到国内20多个省区进行调研，亚、欧、美、澳的10多个国家进行课题考察。《文化经济学的“一带一路”》是他第二本有关“一带一路”的专著，第一本书的名字叫《“一带一路”：中国的文明型崛起》。《文化经济学的“一带一路”》从文化的视角切入，从“一带一路”内涵实质的阐述、“痛点”的提炼，到文化格局的综述、实际案例的剖析，最后到具体建议的提出，有点有面，点面结合，全面展示了他在“一带一路”研究和调研中的认识、感想、思考和总结。

美国社会学家沃勒斯坦为中文版《现代世界体系》所作的序言中指出，“占人类四分之一的中国人民，将会在决定人类共同命运（的历史进程）中起重大的作用。”赵磊指出，“一带一路”所倡导的平等、包容，让国际社会承认：中国是一个文化共同体，正在帮助国际社会打造利益共同体、责任共同体和命运共同体，“一带一路”是大道之行。“互联互通”开始成为一种时尚，而“痛则不通、通则不痛”的中国式文化与哲学思想开始受到瞩目。

文化经济学是本书的亮点。文化经济学又称痛点经济学，意指人们体验中的痛点就是市场的赢利点和体制机制的完善点。而“互联互通”的基本内涵正是找准了中国以及“一带一路”沿线的最大痛点，这既是作者三年调研的思考和总结，也是最后提出建议的依据。他认为，其建设包含两个层次，一是找准“痛点”、医治“痛点”，打造利益共同体，使沿线各国人民实实在在感受到“一带一路”带来的好处；二是“展现文明”，打造责任共同体和命运共同体，使“一带一路”赢得尊重，深入人心。前者可谓“痛点经济学”，是“一带一路”的起点和抓手；后者实为“文化经济学”，是确保“一带一路”可持续的血脉和灵魂。从“文化经济学”视角来看，“一带一路”倡议是读心、暖心、交心的过程，也是打造经济与文化精品的过程。面对经济文化一体化发展趋势，城市和企业只有先“读心”，再“暖心”，最终才能抵达文化与文明“交心”的高点。

《文化经济学的“一带一路”》封面

自“一带一路”倡议提出以来，一些主题图书从不同角度向世界阐释中国“一带一路”的发展，入选中宣部、国家新闻出版广电总局主题出版重点出版物。此外，围绕“一带一路”议题，出版界也推出多品种、多系列的主题图书。仅2016年6月至2017年5月，以“一带一路”为书名的专题图书已出版的453种，内容涉及“一带一路”的图书980种，涵盖历史、政治、法律、经济、文化、文学、艺术等多个学科类别。2017年5月，“一带一路”国际合作高峰论坛的举办，主题图书的出版与阅读也再度升温。商务印书馆《世界是通的：“一带一路”的逻辑》、人民出版社《“一带一路”：机遇与挑战》、中信出版社《读懂“一带一路”》、浙江大学出版社《丝绸之路：一部全新的世界史》、石油工业出版社《“一带一路”：中亚石油安全与共享》、福建教育出版社《福建经济新常态与“一带一路”发展战略研究》、海洋出版社《中华经济圈与全球经济协作》、格致出版社《“一带一路”中国大战略与全球新未来》、中央党校出版社《“一带一路”战略》、中国金融出版社《“一带一路”金融合作概览》、译林出版社《牛津通识读本：丝绸之路》、科学出版社《新海上丝绸之路构建》等，分别从区域经济发展、自贸区建设、基础设施、金融、历史文化等相关领域阐述了与一带一路战略的关系、所能提供的服务以及未来的发展路径。这些图书内容渐成体系、层次渐次丰满、文种日趋丰富，已成为世界了解中国的重要窗口。

《曾国藩》

——超越正统观念和狭义的政治评价

唐浩明 著　人民文学出版社　2002.7

20世纪80年代中后期以来，对传统文化和文人儒士的书写构成历史小说创作的一道不可忽视的景象，其中，唐浩明的《曾国藩》《杨度》《张之洞》等，较其他文化历史小说，其文化蕴涵更显厚重沉实。《曾国藩》，是他在90年代初期创作完成的。这部三大卷的长篇历史小说一经出版，便在海内外华人中掀起一股谈论曾国藩的热潮，从政界到商界，从知识分子到普通百姓，无不津津乐道。三年间《曾国藩》印刷了8次，不但在新华书店里被摆在了显眼位置，更在街头巷尾的个体书摊上成为被大力推荐的热门书，一时间，大量研究曾国藩的文章、专著也出现在公众视野。

“誉之则为圣相，谳之则为元凶”，曾国藩是近代中国最显赫和最有争议的历史人物之一，有学者这样评论他：如果以人物断代的话，曾国藩是中国古代历史上的最后一人，也是近代历史上的第一人。毛泽东曾说：“我观近代，独服曾文正。”在五千年的中国文明史上，对一个人的盖棺论定，反差如此之大的大概难觅出第二个。唐浩明1000多页的《曾国藩》虽属小说，但他研究曾国藩多年，又秉持“言必有据，史实扎实”的研究态度，即便有所渲染，也大体符合史实。

小说分为三部：第一部《血祭》，以1852年43岁的曾国藩在赴任江西乡试正考官途中，得母讣闻，回籍奔丧始；至1857年，因为多方掣肘，其所创立的湘勇在江西陷入困局之际，其父去世，再次回籍奔丧终。这段时期的曾国藩由书生至统帅，因性格的刚强，与腐败横行的地方官场冲突严重，从而节节受阻，处处碰壁，又加上被人弹劾而心生倦意，在江西战局陷入困局之时，闻父亲去世的消息，撒手军务，回家奔丧。第二部《野焚》，以1858年再次出山始，至1864年攻克天京，平定太平天国终。在家守制的一年中，经过读书、沉淀和思考后，曾国藩意识到自己性格的缺陷，

《曾国藩》封面

于是改变行事方式，从而使得境况大为好转，终于攻克天京，平定太平天国运动。第三部《黑雨》，以1864年裁撤湘军开始，至1872年曾国藩去世全书结尾。因湘军的裁撤而使得朝廷得以安心，被加以无上的荣誉，但因天津教案的处理不当而陷入四面楚歌之中，从而被戴上“卖国贼”的帽子。

唐浩明超越正统观念和较为狭义的政治评价，将曾国藩置于整个即将崩溃的封建大文化背景之中，力求恢复他本来的面目。在这部小说里，我们看到曾国藩的功名济世是真实的，他的刚毅果断是真实的，他的虚伪、残酷、狡诈也是真实的，他的矛盾、痛苦、身不由己也是真实的。作者在写曾国藩，也是在写整个晚清历史，在我们深入全面理解了历史之后，才真正地了解了曾国藩的文化性格、人格矛盾和他与时代错位的悲剧命运。

杨国强在其著作《义理与事功之间的徊徨：曾国藩、李鸿章及其时代》中说：“在晚清中国的最后五十多年里，曾国藩和李鸿章曾前后相连地直面内忧外患的交迫而来，成为士大夫中自觉地身当其冲者。与曾国藩之能够以人格超越事功比，李鸿章则是因事功淹没了人格而见弱……曾国藩和李鸿章出自中国人的三千年历史过程，又在时势的逼迫之下成了回应世界历史过程的人。他们徊徨于两个历史过程之间，这是一种深深的历史困境和个人困境……他们在数十年强毅力行之后都是带着一腔不甘心的悲哀离开这个世界的。这种悲哀越出了一己之私，因此这种悲哀便成了中国近代历史的一部分。”

曾国藩其人在文学、军事、学术、为官等方面都取得了非凡的成就，他深深地影响了几代中国人，以至于虽然他已去世一百余年，提起他，人们仍然津津乐道。但没有任何一个人能获得绝对公正、客观的评价，历史人物尤其如此。对待历史，比较客观理智的方式是：不能超越历史去臧否人物，要把人物放在他那个时代的历史环境下来衡量。

1949《时间开始了》

胡风著，《人民日报》

全诗分五个“乐章”，第一乐章《欢乐颂》初刊于1949年11月20日的《人民日报》。诗曰：“跨过了这肃穆的一刹那/时间！时间！/你一跃地站了起来！/毛泽东，他向世界发出了声音/毛泽东，他向时间发出了命令/‘进军！’”

1951《谁是最可爱的人》

魏巍著，人民文学出版社

1950年10月19日，中国人民志愿军入朝参战。魏巍以前线采访感受写成此长篇通讯，1951年4月11日，《人民日报》头版全文刊发，毛泽东阅毕，批示“印发全军”。作者以饱含深情和诗意的笔触，报道了抗美援朝战场上惊天动地的英雄事迹——“在朝鲜的每一天，我都被一些东西感动着……我越来越深刻地感觉到谁是我们最可爱的人！”志愿军自此获得别号“最可爱的人”。

1952《钢铁是怎样炼成的》

［苏］奥斯特洛夫斯基著，梅益译，人民文学出版社

《钢铁是怎样炼成的》在中国的名气远远超出了它在苏联的知名度。在这部小说

里，作者成功地塑造了保尔·柯察金这个在革命烽火和艰苦环境中锻炼出来的共产主义新人的典型形象。保尔的名言：人最宝贵的是生命。生命每个人只有一次。人的一生应当这样度过：当他回首往事的时候，他不会因为虚度年华而悔恨，也不会因为卑鄙庸俗而羞愧；临终之际，他能够说："我的整个生命和全部精力，都献给了世界上最壮丽的事业——为解放全人类而奋斗。"这部小说既是绝佳的共产主义教材，又是青年进行自我教育的励志读物。

1953《三千里江山》

杨朔著，人民文学出版社

《三千里江山》是杨朔最负盛名之作品。它是描写抗美援朝的第一部长篇小说，一出版就得到青年们的广泛欢迎，这不仅仅由于民族特色的语言风格，也不在于故事情节的动人，而主要是作者通过艺术描写所表现的普通人的高尚的精神品质，感动了读者。而比小说更让读者关注的是杨朔的散文。作为散文家，杨朔有多篇文章收入中小学课本，他的写作手法，影响了几代学生的作文思路。

1956《组织部新来的青年人》

王蒙著，《人民文学》杂志

1956年9月小说在《人民文学》九月号上发表。作者从组织部新来的年轻人林震的角度，塑造了建设时期林震、刘世吾等的知识分子形象，是较早反映社会主义制度下的人民内部矛盾、揭露官僚主义的文学作品。

1959《一代风流·三家巷》

欧阳山著，广东出版社

夏志清认为，1956年以后的怀旧作品中，《三家巷》"可能是其中最优秀的一本"。在形式上，它类似巴金的《激流三部曲》，"但在地方色彩（广州）和时代感的表现上，它比这类作品高明多了。"欧阳山以20世纪20年代的广州为背景，省港大罢工、沙基惨案、国民革命军北伐、"四·一二"反革命政变、广州起义等重大历史事件不同程度地得以艺术再现。值得一提的是，作家的社会责任感和历史使命感，无论是当时还是由现在回视都是难能可贵的。

1960《十万个为什么》

少年儿童出版社

它是新中国几代青少年的科学启蒙读物，在传播知识、普及科学方面发挥了积极的作用，影响几代青少年走上科学的道路。首版八册在三年间发行580余万册，1965年起再出修订版，共14分册，茅以升、苏步青、李四光、竺可桢等多位大学者参与其中。直到现在，以“十万个为什么”几个字命名的图书层出不穷，至今都是少儿科普类图书的代名词。

1962《古代汉语》

王力主编，中华书局

应高教部之命，王力主持编纂了四卷本《古代汉语》，他首创了以文选为主，结合通论和常用词加以教习的体例，文选始自先秦，迄于宋元，经史子集、诗赋词曲皆有涉及，专精而易读。这部古代汉语入门的百科全书，广为高校采用，受益者不可计数，实乃修习古文之第一工具书。

1963《雷锋日记》

雷锋著，解放军文艺出版社

“一滴水只有放进大海里才能永远不会干涸，一个人只有当他把自己和集体事业融合在一起的时候才能最有力量。”他这样说。他没有好的文笔，却有一颗单纯的心。他忠诚，善良，他发誓“对待同志要像春天般温暖，对待工作要像夏天一样火热，对待个人主义要像秋风扫落叶一样，对待敌人要像严冬一样残酷无情。”他以自己朴素的思想，写下“谁要是游戏人生，他就一事无成；谁不能主宰自己，永远是一个奴隶。”，同时他又说：“我愿永远做一个螺丝钉。”有出版人评价：“跨越两个世纪，一直不曾忘记他——雷锋。他教我们如何在平凡中成就伟大，如何在爱的奉献中获得永生。”雷锋虽然只活了22

岁，但他那崇高的共产主义思想品德和伟大的革命精神，却永远活在我们的心里。

1966《毛主席语录》

人民出版社

《毛主席语录》由《解放军报》资料室编选，1964年在军队内部发行，次年中共中央批准由人民出版社出版内部发行本，1966年公开出版，并面向海外发行。书中共收入毛泽东著作选句427条，通行红色塑料皮包装，又叫“红宝书”。《毛主席语录》以精辟的警句，影响了中国几代人的思想和成长。他不只是那个时代的思想见证，也通过各种方式影响着如今的中国和世界。

1968《这是四点零八分的北京》

食指著，未刊诗作

“北京车站高大的建筑/突然一阵剧烈的抖动/我双眼吃惊地望着窗外/不知发生了什么事情/我的心骤然一阵疼痛，一定是/妈妈缀扣子的针线穿透了心胸……”食指写的是知青“上山下乡”离开家园的场景。诗人抓住火车开动的那一刻，把远离父母家乡的惜别之情和对命运的忧虑及恐慌，都汇聚在“四点零八分”这一瞬间。诗中朴素的个人情感，超越了当时中国诗歌中语录式、宣言式的空泛激情，这不仅是诗意的回归，也标志着青年的觉醒。

1969《一不怕苦、二不怕死的革命精神永放光芒》(第一集)

人民出版社

共出版四集。收录中央及地方报刊发表的文章，集中表现毛泽东思想给个人思想、身体以及各行各业带来的种种不可思议的激励和变化。

1970《人造地球卫星》

中国科学院上海天文台编，上海市出版革命组出版

1970年4月24日，新中国第一颗人造地球卫星在酒泉卫星发射中心成功发射，太空响起了《东方红》乐曲。同年7月，《人造地球卫星》出版，它成为首部记载我国航天成就的科普读本。在那个科普图书稀缺的年代里，这本书激发了青少年对科学的兴趣。

1971《新华字典》（修订本）

商务印书馆

“文革”期间，辞书奇缺，《新华字典》停售，给社会各界尤其是青少年带来极大不便。1970年9月17日，周恩来召集国务院科教组组织力量修订《新华字典》。1971年6月这本字典出版发行。在《新华字典》修订者名单中，汇集了一批声名卓著的学术大家：叶圣陶、魏建功、邵荃麟、陈原、丁声树、金克木、周祖谟……其中，叶圣陶以出版总署副署长的身份，亲自担任《新华字典》的终审工作，这在中国辞书出版史上，应该是唯一的特例。

1973《阿尔巴尼亚短篇小说集》

阿列克·恰齐等著，屠珍、梅绍武译，人民文学出版社

作为最早和中国建交的国家之一，二十世纪的五六十年代，中国对阿尔巴尼亚不遗余力地予以援助，两国关系曾一度非常密切。1973年，由梅绍武、屠珍夫妇转译的《阿尔巴尼亚短篇小说集》是当时极少数公开发行的外国文学出版物之一。

1975《水浒传》

施耐庵著，人民文学出版社

针对“文化大革命”造成的“百花齐放都没有了”的情况，毛泽东在1975年7月提出要调整文艺政策。在这之前，毛泽东已经指示重新印行古典小说，提倡读《红楼梦》《水浒传》。

同年8月，毛泽东批示指出："《水浒传》这部书，好就好在投降。做反面教材，使人民都知道投降派。"人民文学出版社紧急调动人力物力，迅速出版了各种版本的《水浒传》。《水浒传》成了十年"文革"期间少数被广泛阅读的古典文学名著之一。

1976《天安门诗抄》

手抄本

1976年1月8日，周恩来逝世。4月5日清明节前后，数百万群众汇集在天安门广场，用诗歌的形式表达追思之情。纪念活动遭到"四人帮"镇压，这些诗歌被诬蔑为"反动诗词"。但是，群众还是运用各种方法珍藏了这些被后世称为"革命文学史上的丰碑"的诗歌作品。1978年，经过几十位参与者抄录、搜集、整理和编辑，《天安门诗抄》最终出版，参与者集体署名"童怀周"。

1978《哥德巴赫猜想》

徐迟著，人民文学出版社

1978年1月，《哥德巴赫猜想》在《人民文学》杂志发表，文章以数学家陈景润为主人公。随后《人民日报》转载，全国各地报纸、电台也迅速跟进。陈景润成了家喻户晓的科学明星。同年3月18日，全国科学大会在京开幕，陈景润在主席台就座。这次会议上，邓小平提出了"科学技术是第一生产力"的论断，郭沫若用诗一般的语言宣布了"我们民族历史上最灿烂的科学的春天到来了"。更重要的是，这部作品预示了一个历史新时期的到来。

1980《人啊，人》

戴厚英著，花城出版社

《人啊，人》以C城大学为背景，通过对几个大学同学各自的坎坷命运以及他们彼此之间错综复杂的关系的描写，大胆提出人道主义命题。作为"反思文学"的力作之一，戴厚英的《人啊，人》在舔舐“文革”创伤的同时，也深刻地表现了人性的主题。

1982《人生》

路遥著，中国青年出版社

《人生》最早发表于1982年第三期《收获》杂志上，同年小说出版，轰动文坛。小说以改革时期陕北高原的城乡生活为背景，描写高中毕业生高加林回到土地又离开土地的心理历程。作品第一次把当时条件下农村青年及中国农民的出路问题尖锐地摆到了人们面前。

1983《邓小平文选（1975—1982年）》

人民出版社

1983年7月，《邓小平文选（1975—1982年）》由人民出版社出版，收入了邓小平从1975年至1982年9月发表的47篇文章，其中39篇过去没有公开发表过。1975年的8篇著作反映邓小平在同“四人帮”的斗争中，整顿各方面工作，为促进安定团结和发展国民经济所做的巨大努力。1977年以后的著作，反映他在推动和指导全党进行拨乱反正、解放思想和实现我国伟大的历史转变的过程中，在确定社会主义现代化建设的正确道路和方针政策的过程中，发挥的决策作用和做出的卓越贡献。

1984《第三次浪潮》

［美］阿尔温·托夫勒著，朱志焱、潘琪、张焱译，三联书店

本书立足现代科技的发展，阐述由科学技术发展所引起的社会各方面的变化与趋势，其内容反映了当代西方社会思潮的核心观点。1984年公开出版时，其谈到的未来社会、信息革命，为改革开放初期的中国读者呈现了一幅精彩纷呈的社会变革画卷。一时间，阅读风潮席卷中国，成为一代年轻人的必读书目。

1986《唐山大地震》

钱钢著，解放军文艺出版社

当年，作为《解放军报》的记者，钱钢参加了1976年唐山大地震的抗震救灾活动，并在之后十年的时间里进行了不间断的追踪访谈，于1986年出版了报告文学《唐山大地震》，引起了极大轰动，不仅在国内畅销一时，还出了英、法、日、韩等译本，人们对真相的饥渴很大程度上造成了《唐山大地震》的畅销。徐怀中在序言中写道："在这里，大自然的景观和人的心灵世界的景观叠加映照，宏观的泼墨和微观的工笔交融一体，畸形年代的畸形思维和严肃科学的命题对立而统一，逼真地画出了一幅属于唐山也属于人类的'七·二八'劫难日'全息摄影'图"。

1987《顽主》

王朔著，《收获》杂志

《顽主》发表于1987年第六期《收获》杂志上。"顽主"是当时北京市井的流行语，特指那种衣食无忧、玩世不恭的边缘青年。小说主要描写了三位"顽主"成立"替人解难替人解闷替人受过"的"三T公司"的故事，是王朔小说中影响力最大的一部。小说人物对政治语汇的反讽性使用，对虚假崇高的调侃性再现，体现了大众话语与政治话语长期积存的矛盾对抗。1987年也被当时的媒体称为"王朔年"。

1990《年轻的潮》

汪国真著，学苑出版社

我不去想是否能够成功/既然选择了远方/便只顾风雨兼程/我不去想能否赢得爱情/既然钟情于玫瑰/就勇敢地吐露真诚——汪国真这个始终微笑着的和蔼的中年男人，以这些诗句在那个年代爆红了。读汪国真诗歌、跟许国璋学英语、练庞中华字帖，并列成为20世纪90年代初年轻人最时髦的三个行动。不过，与他同时代的诗人普遍认为，汪国真的诗并非一流，与才气过人的顾城、海子不在一个量级上。尽管如此，1990年还是被出版界定名为"汪国真年"。

1991《我与地坛》

史铁生著，《上海文学》，1991年1月号

这是史铁生的代表作品之一。“活到最狂妄的年龄上忽地残废了双腿”，却在满园弥漫着“沉静光芒”的地坛，实现了对个体命运挫折和苦难的超越，升华了自己的生命。当人们为《我与地坛》的通透圆融和超越之美感动的时候，没有人能够想象史铁生走过的艰辛，而他却平静地说：仿佛这古园就是为了等我，而历尽沧桑在那儿等待了四百多年。

1992《顺生论》

张中行著，中华书局

《中庸》开头说：“天命之谓性，率性之谓道，修道之谓教。”张中行很欣赏这种人生哲学，并有所发挥写成这部《顺生论》。他这样解释书名：“我们有了生，生有没有究极意义或价值，不知道；但有天赋的好恶，如没理由地觉得活比死好，乐比苦好，这是命定，或说性；已定，抗不了，一条简便的路，也许竟是合理的路，就成为，顺着天命的所定活下去，即本书所谓顺生。”张中行博学多识、造诣深厚，其著述，谈学问以探赜索隐的知识性见长，书杂感以揆情度理的哲理性取胜，因而颇为学术界和读书界喜爱，并成为当代杂体散文创作的代表性一家。

1996《老照片》第一辑

冯克力等编，山东画报出版社

作为“国内第一家围绕照片讲述历史”的读物，《老照片》曾被称为“摄影版的《读书》”。《老照片》开国内“图文书”出版风气之先，并带动了“读图时代”的到来。冯克力以朴素而温情的独特方式定格历史，使我们得以在过去朦胧的霞光中，重新认识和反思切身的社会生活。它的出版曾掀起老照片出版热潮。

1997《沉默的大多数》

王小波著，中国青年出版社

《沉默的大多数》是王小波一生杂文随笔的全集，由他的妻子李银河编成，书出版时，他已去世。在去世前22天才完成的序言中，王小波这样说道："我开始得太晚了，很可能做不成什么，但我总得申明我的态度，所以就有了这本书——为我自己，也代表沉默的大多数。"从其身后看，也许他开始的并不算晚。

1998《牛棚杂忆》

季羡林著，中央党校出版社

"我是有幸进入牛棚的少数人之一，几乎把老命搭上才取得了一些难得的经验。""如果把这一场灾难的经过如实地写了出来，它将成为我们这个伟大民族的一面镜子。常在这一面镜子里照一照，会有无限的好处的。""我决不说半句谎言，决不添油加醋。我的经历是什么样子，我就写成什么样子。"季羡林这样概括自己的这本书。

1999《第一次的亲密接触》

蔡智恒著，知识出版社

小说讲述痞子蔡在网络上邂逅女孩轻舞飞扬的故事。互联网的发展史在那个特定阶段选择了痞子蔡，网上聊天这种新颖的逐爱方式激起读者澎湃的好奇心。小说在网络上一再被转载，痞子蔡的知名度像一股热浪在网络上蔓延开来，这本书也成为很多人读的第一本网络小说。蔡智恒"一战成名"的示范效应，也影响了后来的万千网络写手。

2000《哈利·波特与魔法石》

［英］J.K.罗琳著，苏农译，人民文学出版社

英国作家罗琳所创造的这个戴着眼镜的小魔法师形象征服了全世界成千上万的读者。神秘的巫术、悬念迭起的情节、正邪的交锋，少年也能拯救世界的豪气……《哈利·波特与魔法石》及后续《哈利·波特》系列的影响力、销量纪录几乎颠覆了此前

儿童文学带给人们的固有印象。

2001《改革：我们正在过大关》

吴敬琏著，生活·读书·新知三联书店

吴敬琏是比较制度分析学科在中国的开创者之一。1980年，作为“整体协调改革学派”的带头人，他对中国经济改革的思想理论和实践有着重要的贡献，因其长期坚持市场取向的经济改革主张而被人们称作“吴市场”。作为深具学术水准、极富公众影响力又有份参与政府经济决策的专家学者，吴敬琏始终关注当下经济政策动向、经济现状的变化。出版该书时正逢改革开放进入到新阶段，书中对市场经济理论、中国入世、政府体制改革、国企、民企等不容回避的诸多问题均有理论与实际相结合的总结与独到的解读、展望，言辞恳切亦蕴含省思，今天读来仍不无收获。

2002《无字》

张洁著，北京十月文艺出版社

张洁以女性视角用恢宏的笔法对社会大动荡、大变革下的人性进行深度挖掘。书中女主人公的人生连同其家族女性的遭遇折射出中国跨越一个世纪的风云变迁、人情冷暖。作者扎实冷峻的文笔充溢着对书中人物的悲悯与对现实境遇的忧伤，苦难流动在这部长篇小说的字里行间。

2003《我们仨》

杨绛著，生活·读书·新知三联书店

全书以“锺书大概是记着‘我’的埋怨，叫‘我’做了一个长达万里的梦”拉开序幕，回忆了先后离她而去的女儿钱瑗、丈夫钱锺书，以及一家三口那些快乐而艰难、爱与痛的日子。杨绛先生说：“现在我们三个失散了。剩下的这个我，再也找不到他们了。我只能把我们一同生活的岁月，重温一遍，和他们再聚聚。”读过此书的人，忘不了里面漫长得揪心的梦，也记住了近代中国社会与文化此起彼伏之中知识分子的人文情怀。

2005《退步集》

陈丹青著，广西师范大学出版社

从这本辑录归国最初五年文章、访谈的《退步集》开始，陈丹青就正式进入公众视野。他对绘画、影像、城市、教育乃至公共文化话题频频发言，未必句句有理，但其旅居海外的背景，加之言辞犀利，文风流畅，颇得读者特别是青年人的欢迎。书中自云“退步”，实则是对百年中国人文艺术领域种种“进步观”的省思和追询。

2006《大国崛起》

唐晋主编，人民出版社

央视12集纪录片《大国崛起》自2006年11月播出以来，在国内外引起极大反响，市面上相关的专著也纷纷进入公众视野。其中以唐晋主编的《大国崛起》最具影响力。这本书面世时，从时间上恰好紧跟纪录片的热度，通过人文科学书籍独有的厚重让读者由表入里，将视觉上的感性认识转为理性认知。值得一提的是，这本书“站在人类文明发展的高度”以“历史的眼光和全球的视野”来“解读15世纪以来9个世界性大国崛起的历史。”从研究世界性大国兴起的轨迹，来总结大国崛起的个性特征和基本规律，为中国的发展寻找镜鉴，探索新形势下中国发展的战略选择。

2007《丧家狗：我读〈论语〉》

李零著，山西人民出版社

“孔子不是圣，只是人，一个出生卑贱，却以古代贵族（真君子）为立身标准的人，一个古而好敏，学而不厌、诲人不倦，传递古代文化，教人阅读经典的人；一个有道德学问，却无权无势，敢于批评当世权贵的人；一个四处游说，替统治者操心，拼命劝他人改邪归正的人；一个古道热肠，梦想恢复周公之治，安定天下百姓的人。他很惶惑，也很无奈，唇焦口燥，颠沛流离，像条无家可归的流浪狗。”这段对孔子的评价出自李零的《丧家狗：我读〈论语〉》，是他讲《论语》的过程中形成的，既有考据的学术内容，也有他对《论语》的理解。这本书问世后即争议不断，风波引发的回响至今不绝，在一片喧嚣的“国学热”中，李零回到原典，以平视《论语》的姿态更容易接近“真孔子”。

2008《国民党的“联共”与“反共”》

杨奎松著，社会科学文献出版社

对中共党史颇有研究的历史学者杨奎松在这本书中首次以国民党史视角回顾、看待国共关系，利用国共双方大量可靠、翔实的历史档案（包括档案馆档案）和许多重要人物的日记、回忆录，多方查证重大史实，深入论述自1921年至新中国成立前夕国共两党关系的发生与发展，书中对若干历史事件和历史人物有基于客观资料上的重新认识，对相关内容的既往提法也有一定程度的颠覆和纠正。此前中国大陆关于国共关系的论著很多，但绝大多数是从共产党的视角展开研究。这部“开先河之作”，无疑为海峡两岸学者与公众客观看待国共关系史，开启了重要的一扇门。

2009《朱镕基答记者问》

《朱镕基答记者问》编辑组编，人民出版社

这本书一出版，书中一些片段和话语便开始被读者和网友流传，其中流传最广的一句要数：“我从来不吓唬老百姓，只吓唬那些贪官污吏。”朱镕基在任副总理、总理十年期间，若干答记者问及其在境外发表的演讲基本都被收入此书，言及政治、经济、文化、对外交往多个领域，反映了当时中国深化改革、发展市场经济的社会现状。因朱镕基坚持不出自传，也不阅读写他的东西，《朱镕基答记者问》成为那时唯一由他署名出版的书，他还明确要求书的定价一定要考虑普通读者的购买力。

2010《中国在梁庄》

梁鸿著，江苏人民出版社

它是梁庄人留守在梁庄的故事。但这不能算是完整的梁庄。2013年，梁鸿又著《出梁庄记》，写的是“梁庄”生命群体的另一重要部分——进城农民。中国有近2.5亿农民和梁庄打工者一样，他们是中国特色农民，长期远离土地，长期寄居城市，他们对故乡已经陌生，对城市未曾熟悉。然而，他们构成完整的农村与城市，构成完整的中国。

2011《史蒂夫·乔布斯传》

沃尔特·艾萨克森著，中信出版社

2012年8月，苹果市值达到6075亿美元，现金储备达到1100亿美元，超过美国政府持有的现金（738亿美元），这就是传说中的富可敌国。而乔布斯正是这一切的灵魂人物。随着乔布斯离世，这本传记向外界展示一个真实的乔布斯，也造就了2011年中国出版界的奇迹。

2012《论中国》

［美］亨利·基辛格著，中信出版社

这本书是美国前国务卿亨利·基辛格唯一一部关于中国问题的专著，其核心内容讲述的是1972年美国总统理查德·尼克松和基辛格（时任美国国家安全顾问）的中国之行，以及基辛格访问前所做的秘密准备。在书中，基辛格对中国历史进行了简单回顾，剖析了会见过的几位领导人的性格，并详细描述了会面时的细节。他还总结了近年来中国取得的成就，分析了现代中国对外战略的形成过程及其特点，以及21世纪全球力量平衡的重要性。书的扉页上这样写道：中国的政治家们在面临内忧外患之际，已经发展出了一套战略思想准则，崇尚敏锐、耐性和迂回超过武力征服。毫无疑问的是，这本书也帮助美国乃至整个西方社会更好地了解中国。

2013《现代世界的诞生》

清华大学国学研究院主编，［英］艾伦·麦克法兰主讲，上海人民出版社

“现代世界是如何诞生的，这是一个大大的谜团。”这个“斯芬克斯之谜”诱引着无数人驻足沉思。本书全面且独到地反思英格兰现代化奇迹的诞生，为处在当下的中国带来了可供参考的借鉴。作者麦克法兰说，这本书“我是有的放矢，专为中国读者

而写作的。”他希望这幅关于“英格兰奇迹”的比较画面，能帮助中国读者思考如何在个人主义的现代社会中解决最棘手的“社会凝聚”问题。

2014《瞻对》

阿来著，四川文艺出版社

阿来以一个小说家的敏锐，兼以学者的严谨，将长达两百年的瞻对之战作为写作背景，讲述了一段独特而神秘的藏地传奇。书中展现的藏民生存境况，让我们对这个区域的历史以及民族文化有了脱离既往概念束缚的鲜活认识。

2015《抗日战争》

王树增著，人民文学出版社

这本书由军旅作家王树增历时六年、查阅近千种史料完成，被称为“第一部属于全民族的《抗日战争》”。作者不拘泥于党派之争，而是站在整个中华民族的高度去看待这段历史。《抗日战争》“是为当代青年读者写的，和青年们探论一点精神质量问题，希望他们能就此建立强大的民族自信心。”作者说。

2016《世界是通的——“一带一路”的逻辑》

王义桅著，商务印书馆

作为中国学界“一带一路”最前沿的研究者，王义桅在这本书中叙述了“一带一路”倡议所展示的中国智慧与世界智慧。美国作家托马斯·弗里德曼曾发表了一个观点，即“世界是平的”。但在王义桅看来，这种抽象意义上的“平”，仍无法摆脱现实的诸多不平等。因此，他以“世界是通的”实现对“西方中心论”历史观、“世界是平的”全球化逻辑的超越。

2017《习近平讲故事》

人民日报社组织编写 人民出版社

习近平的讲话、文章中，常常用讲故事的方式传达深意，这本书就精选出体现习近平治国理政新理念新思想新战略的109则故事，加以完整呈现和解读。这些故事贯穿中国历史文化之“道”，中国改革发展之“道”，中国参与世界治理之“道”，承载了习近平对内政外交国防、治党治国治军的深刻思考。《习近平讲故事》深入浅出、通俗易懂、趣味性强，出版后立即形成阅读热点，不仅在国内畅销，也实现了多个语种的版权输出。

2018《从大都到上都：在古道上重新发现中国》

罗新著，新星出版社

作为从事中国中古史和中国古代边疆民族史研究的学者，罗新在53时完成了他15年前的夙愿——从大都走向上都。他用流畅、感性的文笔与随兴而至的历史、考古、文学知识，生动还原八百年前元朝两都间辇路的真实面貌，令这本书呈现出学术随笔与行走文学兼有的独特气质。

后记

今年是中华人民共和国成立70周年。70年来，中国人的文化轨迹是通过阅读辐射出来的。那些闪耀着智慧的作品，既是作家的代表作，也是几代人共同的精神食粮。因此，我们决定编写这本书。

起初对主题的构想是“70年，我们读过的70本书”，但在编辑整理过程中发现，只说70本是不够的，最终决定不受70本的限制，尽可能地将那些切中时代脉搏，照见社会变迁的图书呈现给读者。

本书主要推介的书目集中在1949—2018年，共100余本。希望从我们的这些介绍中，读者能看到一个国家的变迁和一个民族的记忆。

在编写中参考了《中华读书报》《人民月报》《全国总书目》以及《沉沦的圣殿》《新时代主题出版的内容打造》(《出版广角》2018第七期）等资料。

图书在版编目（CIP）数据

阅读中国：新中国70年我们读过的书 / 高晓春、肖骎、王洁皓著.—北京：中国轻工业出版社，2019.10

ISBN 978-7-5184-2610-2

Ⅰ.①阅… Ⅱ.①高… ②肖… ③王… Ⅲ.①推荐书目－中国－现代 Ⅳ.①Z835

中国版本图书馆CIP数据核字（2019）第177493号

责任编辑：刘忠波　　责任终审：李克力　　封面设计：王超男

版式设计：王超男　　责任监印：张京华

出版发行：中国轻工业出版社（北京东长安街6号，邮编：100740）

联合出版：北京燕山出版社有限公司（北京市丰台区东铁营苇子坑路138号

邮编：100078）

印　　刷：北京富诚彩色印刷有限公司

经　　销：各地新华书店

版　　次：2019年10月第1版第1次印刷

开　　本：787×1092　1/16　印张：15

字　　数：280千字

书　　号：ISBN 978-7-5184-2610-2　定价：68.00元

邮购电话：010-65241695

发行电话：010-85119835　传真：85113293

网　　址：http://www.chlip.com.cn

Email：club@chlip.com.cn

如发现图书残缺请与我社邮购联系调换

190202Z1X101ZBW

“

Celebrate PRC's

70th anniversary

-Books

we have read

”